FACULTÉ DE DROIT DE PARIS

DE LA

SÉPARATION DES PATRIMOINES

EN DROIT ROMAIN ET EN DROIT FRANÇAIS

THÈSE POUR LE DOCTORAT

PAR

GUSTAVE LOISON

AVOCAT A LA COUR D'APPEL

PARIS

TYPOGRAPHIE N. BLANPAIN

7, RUE JEANNE, 7.

1881

DE LA

SÉPARATION DES PATRIMOINES

EN DROIT ROMAIN ET EN DROIT FRANÇAIS

THÈSE POUR LE DOCTORAT

PAR

GUSTAVE LOISON

AVOCAT A LA COUR D'APPEL

L'acte public sur les matières ci-après sera soutenu le mercredi
13 juillet 1881, à midi.

Président : M. ACCARIAS, professeur.

SUFFRAGANTS :
MM. COLMET DE SANTERRE, } professeurs.
LEVEILLÉ,
ALGLAVE, } agrégés.
LAINÉ,

PARIS

TYPOGRAPHIE N. BLANPAIN
7, RUE JEANNE, 7
—
1881

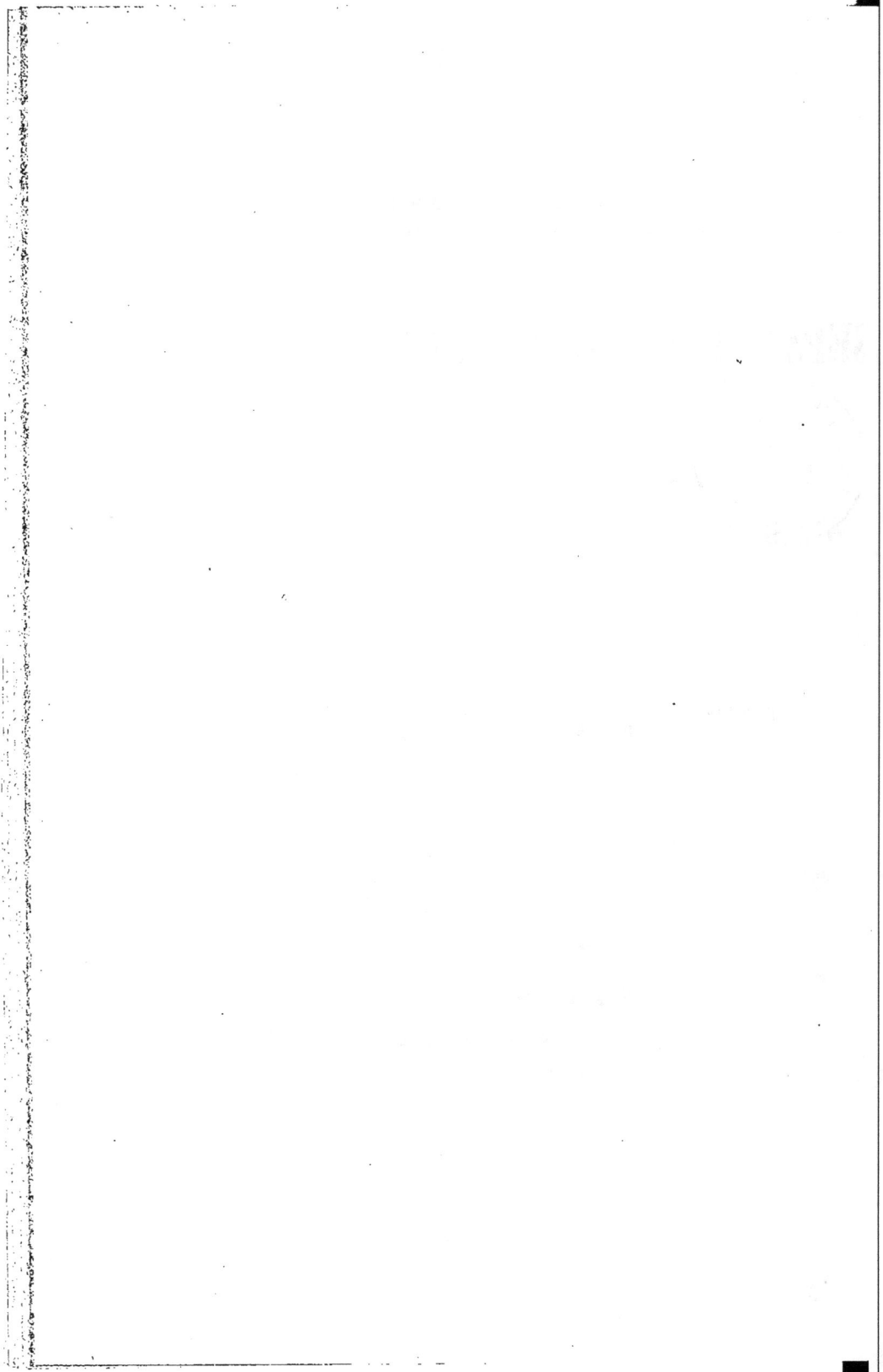

A LA MÉMOIRE

DE MON PÈRE ET DE MA MÈRE

MEIS ET AMICIS

DE LA

SÉPARATION DES PATRIMOINES

———

INTRODUCTION

Le droit de transmission héréditaire est de l'essence même de la propriété. C'est en vue de cette transmission que le père ménage et augmente son patrimoine. L'universalité des biens du défunt passe, activement et passivement, sur la tête de l'héritier et se joint au patrimoine de celui-ci pour ne plus faire qu'un tout dans la main et sous la responsabilité d'un seul maître.

La manière dont s'opère cette transmission empêche le défunt de mourir tout entier ; la société ne renaît pas, elle continue.

Mais le droit de transmission héréditaire, si naturel et si juste en lui-même, si favorable au crédit et à la conservation de la famille, eût pu, si le législateur n'y eût pris garde, causer, dans différents cas, le plus grave préjudice, soit aux

1

héritiers, soit aux tiers. En effet, si l'héritier accepte purement et simplement une succession qui contient plus de passif que d'actif, il sera forcé, non-seulement d'épuiser au profit des créanciers héréditaires tous les biens de la succession, mais encore de les désintéresser complètement sur ses propres biens. Supposons, au contraire, que le créancier a plus de passif personnel que d'actif, ses créanciers se précipiteront sur ce secours inespéré qui leur vient de la succession échue à leur débiteur, et réduiront les créanciers héréditaires à un marc le franc, quand le défunt eût pu sans peine les payer intégralement.

Ces deux situations avaient évidemment un dénoûment fâcheux, et le législateur ne pouvait manquer d'en être ému. Il est intervenu : à l'héritier il accorde le bénéfice d'inventaire, aux créanciers héréditaires la séparation des patrimoines.

Ces deux institutions détruisent les effets regrettables de la transmission héréditaire tout en en conservant les avantages.

L'héritier bénéficiaire n'est tenu des dettes de la succession que jusqu'à concurrence de l'actif héréditaire, et ses propres biens sont complètement à l'abri de toute contribution. Quoi de plus juste, en effet ? Les créanciers de la succession n'ont dû compter que sur les biens de leur débiteur. Le créancier héréditaire qui invoque la séparation des patrimoines demande seulement à être payé exclusivement sur les biens de son débiteur et à ne point subir le concours des créanciers de l'héritier. Cette prétention est des plus respectables ; car il ne peut y avoir de biens que déduction faite des dettes : *Non sunt bona nisi deducto ære alieno*. L'héritier, et, par suite, ses créanciers personnels ne peuvent rien prétendre sur les biens de la succession avant le désintéressement complet des créanciers héréditaires.

Notre étude va avoir pour objet la seconde de ces institutions, la séparation des patrimoines. Nous en rechercherons l'origine et la formation dans le droit romain ; nous le suivrons dans notre ancien droit français, dans le droit intermédiaire, et enfin sous l'empire du Code Napoléon.

Lorsque dans cette matière hérissée de controverses nous rencontrerons des difficultés résultant du laconisme ou de l'apparente contradiction de nos textes, nous les résoudrons en cherchant avant tout la pensée du législateur et en nous appuyant sur les principes et sur les enseignements si précieux de l'histoire.

DROIT ROMAIN

PRÉLIMINAIRES

La *bonorum separatio* n'a point sa source dans le droit civil : elle a été instituée par le préteur pour en tempérer et en corriger la rigueur.

Le droit civil avait posé le principe que tous les droits actifs et passifs du défunt se confondaient avec ceux de l'héritier, et il avait franchement accepté les conséquences de cette doctrine, si rigoureuses qu'elles fussent. C'est ainsi que les créanciers du défunt pouvaient se voir enlever par ceux de l'héritier la meilleure partie des biens sur lesquels ils avaient naturellement compté, tandis que ces derniers n'avaient pu, d'aucune manière, les considérer comme leur gage.

Les considérations qui déterminèrent le préteur à introduire la séparation des patrimoines étaient donc conformes à l'équité ; il corrigeait ainsi ce que le droit civil, dans sa logique inflexible, avait de trop rigoureux et mettait les créanciers à l'abri de tout danger en leur permettant de se faire payer sur les biens du défunt, à l'exclusion de tous autres créanciers, absolument comme si le *de cujus* était encore vivant.

Le préteur seul pouvait accorder ou refuser le bénéfice de cette séparation, c'était à lui que les créanciers qui désiraient l'obtenir devaient s'adresser. Cela résulte très clairement de ce passage d'Ulpien : «De his autem omnibus an administranda separatio sit, necne : prætoris erit vel præsidis notio, nullius alterius ; hoc est, ejus, qui separationem indulturus est » (1). C'est donc le préteur seul, à Rome, et le président, dans les provinces, qui fait toute l'instruction et qui prononce en dernier ressort, *cognita causa*, sans renvoyer, comme d'ordinaire, les parties devant le juge. Toutefois il indique généralement dans son édit à quelles conditions il entend subordonner cette faveur.

C'est ainsi que la *bonorum separatio* passa dans la pratique où elle était constamment admise, depuis plusieurs siècles, quand elle reçut de Justinien la sanction législative.

L'ouverture d'une succession n'est pas le seul cas qui puisse donner naissance à la séparation :

(1) L. 1, § 14, D., *de Separat.*

il ne faut même pas espérer trouver en droit romain de théorie spéciale de la séparation, mais bien plutôt rechercher et réunir un certain nombre de textes du Digeste qui nous montrent à quels cas le préteur appliquait ce moyen de prévenir les injustices résultant de la confusion des patrimoines.

Nous trouvons ainsi au titre *de separationibus* (1) la mention de plusieurs de ces cas, et nous pouvons noter entre autres :

1° Le cas où l'héritier nécessaire veut mettre ses biens à venir à l'abri des créanciers héréditaires. Tant qu'il n'a pas touché aux biens de la succession, il peut obtenir le bénéfice de la séparation et se mettre ainsi à l'abri des poursuites des créanciers héréditaires (2).

2° Le cas de séparation accordée aux créanciers du pécule *castrens* d'un fils de famille contre les créanciers qui ont contracté avec lui avant qu'il ne partît pour l'armée (3). — Ce pécule était regardé comme une sorte d'hérédité, et les créanciers *castrenses*, c'est-à-dire ceux-là seuls qui avaient pu légitimement compter, pour obtenir leur payement, sur les biens qui le composaient, étaient considérés comme des créan-

---

(1) Liv. 42, tit. 7.
(2) L. 1, § 8, *de Separat.*
(3) Liv. 1, § 9, *de Separat.*

ciers héréditaires, et ils pouvaient, en conséquence, obtenir du préteur de se faire envoyer en possession de tous ces biens, à l'exclusion de tous les autres créanciers.

3° Le cas de séparation accordée au patron héritier d'une affranchie qui a fait adition d'une succession insolvable (1). Cette faveur était basée, sans doute, sur les relations qui existaient entre le patron et son affranchie et qui pouvaient, en quelque sorte, le faire considérer comme créancier de cette dernière.

4° Le cas où l'héritier fiduciaire, forcé d'accepter une succession onéreuse ne trouve personne à qui la restituer (2). On suppose ici que le fiduciaire n'a accepté l'hérédité que malgré lui, sur l'ordre du préteur, conformément au S. C. Pégasien. Le fidéicommissaire disparaît ou meurt sans laisser d'héritier ; la restitution désormais est devenue impossible, et voilà l'héritier fiduciaire exposé aux poursuites des créanciers du *de cujus:* résultat singulièrement inique, puisqu'il n'était pas libre de ne pas faire adition ! Dans ce cas il pourra demander la séparation des patrimoines, de telle sorte que les biens du défunt soient vendus comme s'il n'avait pas accepté l'hérédité.

(1) L. 6, § 1, *de Separat.*
(2) L. 1, § 6, *de Separat.*

5° Le cas de séparation accordée au fils de famille et qui lui permet de faire séparer les biens de son pécule de ceux de son père lorsqu'ils sont occupés par le fisc (1). C'était une mesure d'équité dont le but était d'assurer au moins des aliments au fils qui n'avait aucunes ressources personnelles, lorsque son père était saisi.

D'ailleurs la plupart de ces cas spéciaux, si l'on en excepte celui de l'héritier nécessaire, paraissent d'une application assez rare : aussi nous contenterons-nous de cette rapide nomenclature. La séparation accordée aux créanciers d'une succession est certainement de beaucoup la plus fréquente et la plus importante ; c'est la seule, du reste, qui ait subsisté dans notre droit français, et à ce titre surtout, nous nous en occuperons maintenant exclusivement.

Nous examinerons successivement :

1° Par qui, contre qui, et sur quels biens la séparation des patrimoines peut être demandée ;

2° Dans quels cas elle peut l'être ;

3° Comment s'éteint le droit de la demander ;

4° Quels en sont les effets ;

5° Enfin, quelle est la procédure en cette matière, c'est-à-dire en quelle forme elle doit être demandée.

---

(1) L. 3, p. 4 in fine, De minor. vig. quinque annis.

CHAPITRE I

SÉPARATION DES BIENS HÉRÉDITAIRES

SECTION I

PAR QUI, CONTRE QUI, SUR QUELS BIENS PEUT ÊTRE DEMANDÉE
LA SÉPARATION DES PATRIMOINES?

§ 1. — *Par qui ?*

Les créanciers du défunt pourront réclamer
ce bénéfice. Mais faudra-t-il admettre tous les
créanciers du défunt sans distinction ou devrait-
on, prenant en considération la nature des
créances, rejeter toutes celles qui seront affec-
tées de modalités ?

De plus, la confusion des deux patrimoines
peut nuire aux créanciers de l'héritier. Qu'on
suppose le défunt insolvable et l'héritier à la
tête d'un actif supérieur à son passif : si l'héritier accepte, il se met à découvert envers ses
propres créanciers. Ceux-ci ont alors un intérêt
manifeste à obtenir la séparation des deux patrimoines. Le pourront-ils ?

Le § 2 de la loi 1 de notre titre répond à cette
question, il est ainsi conçu : « Les créanciers de
l'héritier ne peuvent demander la séparation,

car il est permis à chacun de rendre la condition de son créancier moins favorable en se donnant un nouveau créancier. Ainsi, celui qui
accepte la succession de mon débiteur ne peut
empirer ma condition, parce que je puis demander la séparation. Mais celui qui accepterait
une succession insolvable grèverait son créancier qui ne pourrait recourir à ce bénéfice. »

Il ne peut y avoir aucun doute sur ce point,
notre bénéfice ne leur sera pas accordé. Et, en
effet, la situation de ces créanciers est loin d'être
aussi favorable que celle des créanciers du défunt. Ceux-ci sont ou antérieurs à l'acceptation
de la succession, et ils se sont soumis à l'avance
aux engagements nouveaux que leur débiteur
pourrait prendre ; ou ils sont postérieurs à cette
acceptation, et dans ce cas ils ont, au moment
où ils ont traité avec l'héritier, connu ou dû
connaître l'influence tant de fait que de droit
que cette acceptation était susceptible de produire sur la situation de leur futur débiteur.

Les créanciers de l'héritier n'auront donc pas
le droit de se plaindre, car ils ont consenti à
subir les fluctuations de la fortune de leur débiteur. La qualité de débiteur n'entraîne aucune
incapacité ; il peut se donner autant de créanciers qu'il en désire, ou plutôt qu'il en trouvera.
Nam licet alicui adjiciendo sibi creditorem cre-

ditoris sui facere deteriorem conditionem, dit le jurisconsulte Ulpien dans notre paragraphe.

Le débiteur conserve l'administration de ses biens ; il peut en disposer comme il l'entend. Il lui est permis d'aliéner, d'accepter ou de refuser des successions, aussi bien que l'homme libre de tout engagement.

A cette liberté illimitée, l'équité et la raison exigent qu'on apporte une restriction ; il faut que tous ces actes soient faits sans fraude. Il ne faut pas que le débiteur puise dans l'exercice de son droit la faculté de ruiner ceux qui ont eu confiance en lui. Ces idées de souveraine justice, le préteur les avait introduites dans la législation romaine : tout créancier pouvait attaquer les actes que son débiteur avait faits en fraude de ses droits (1).

Mais les termes vagues dont se sert le jurisconsulte au § 6 de la loi 1, ont fait croire à quelques interprètes que le secours accordé par le préteur était autre que l'action Paulienne. Dans leur esprit, le recours *extra ordinem* dont parle le jurisconsulte serait une *restitutio in integrum*. Je ne vois pas de raison pour ne pas admettre ici le droit commun. Or le droit commun était que tout créancier qui aurait à souffrir d'une fraude commise par son débiteur pourrait de-

(1) L. 1, § 3, liv. 4, tit. 8, Dig.

mander la révocation des actes qui lui étaient préjudiciables : l'action Paulienne lui était donnée. Les termes généraux de l'édit m'autorisent suffisamment, je crois, à penser ainsi : *quæ fraudationis causa gesta erant.*

Les créanciers de l'héritier qui a accepté sans fraude ne pourront donc demander la séparation. Et cette règle trouve une nouvelle confirmation dans les deux exemples que nous donne Ulpien aux §§ 7 et 8.

Au § 7 le jurisconsulte suppose qu'un père a institué son fils, alors qu'il était encore impubère, et lui a substitué pupillairement Titius. Le fils meurt avant d'arriver à la puberté, et le substitué fait adition. Le substitué a ainsi deux successions, car il recueille dans l'hérédité du fils et le patrimoine du fils et celui du père confondus ensemble. Deux classes de créanciers peuvent donc demander la séparation. Les créanciers du père pourront l'invoquer contre les créanciers de l'impubère et contre ceux du substitué ; les créanciers de l'impubère contre ceux de Titius seulement, mais non contre ceux du père, car, par rapport à ces derniers, ils sont créanciers de l'héritier.

Le § 8 présente l'hypothèse suivante : Primus institue Secundus, et Secundus Tertius. Tertius trouve le patrimoine de Primus dans celui de Secundus. Les créanciers de Primus pourront demander la séparation contre ceux de Secundus et de Tertius ; les créanciers de Secundus contre ceux de Tertius, mais les créanciers de ce dernier n'auront aucun droit à invoquer notre bénéfice, non plus que les créanciers de Secundus contre ceux de Primus, car ces diverses classes de créanciers ne sont que des créanciers de l'héritier.

Quant aux créanciers du défunt, tous peuvent demander la *bonorum separatio*.

Créanciers purs et simples, à terme ou sous condition, ils sont égaux aux yeux du préteur qui leur donnera le secours qu'ils demandent. « Creditoribus ex die vel sub conditione debetur et propter hoc nundum pecuniam petere possunt, æque separatio debetur quoniam et ipsis cautione communi consuletur. (Loi 4 pr.).» Ces derniers mots vont nous aider à trouver la solution d'une question controversée et qui a été soulevée à l'occasion de deux textes contradictoires.

La loi 6 Pr., liv. 42, tit. 4, s'exprime ainsi : « In possessionem mitti solet creditor etsi sub conditione et pecunia promissa sit. » Puis le même jurisconsulte Paul dit plus loin dans la loi 14, § 2 du même titre : « Creditor autem conditionalis in possessionem non mittitur quia is mittitur qui potest bona ex edicto vendere. »

Et ce texte n'est pas isolé, car Ulpien soutient la même idée dans la loi 7, § 14 du même titre. Que conclure ? comment' concilier ces deux textes ?

L'explication la plus vraisemblable est celle qu'a présentée Doneau et qui distingue le cas où le créancier conditionnel agirait isolément et celui où il profiterait des mesures prises par ses co-créanciers.

Dans le premier cas il ne pourrait demander la séparation parce que la *missio in possessionem* est le préalable et que la *bonorum venditio* doit suivre cet envoi en possession. Or les créanciers conditionnels ne peuvent procéder par voie d'exécution contre leur débiteur.

Mais dans le deuxième cas, notre bénéfice leur sera accordé, car rien ne les empêche de prendre toutes les mesures destinées à assurer le remboursement de leur créance éventuelle. C'est ainsi qu'ils profitent de l'envoi en possession obtenu par les créanciers dont la créance est exigible, car *is qui possidet, non sibi sed omnibus possidet* (1). L'envoi en possession est *in rem* (2).

Ainsi donc, le créancier conditionnel profitera de l'envoi en possession, et lorsque la vente

(1) L. 5, § 2, liv. 36, tit. 4, Dig.
(2) L. 12, pr., liv. 42, tit. 5, Dig.

surviendra, il se fera garantir par ses co-créanciers, sans doute au moyen de fidéjusseurs, le
paiement de sa créance en cas de réalisation de
la condition.

Cette distinction entre le cas où le créancier
conditionnel agit seul et celui où il agit avec
d'autres créanciers est rationnelle, et c'est ce
qui était admis par les Romains. Je ne veux
d'autre preuve que ce motif donné par Papinien à ce droit des créanciers conditionnels :
quoniam ipsis communi cautione consuletur.

Que peut être cette *communis cautio*, sinon
le gage commun résultant pour les créanciers
de la *missio in possessionem ?*

Cujas cependant soutient que ces mots font
allusion au droit qu'ont les créanciers héréditaires de réclamer de l'héritier suspect (1) une
caution garantissant le paiement de leur créance.
C'est là, à mon avis, une erreur du jurisconsulte,
car ces deux voies ouvertes aux créanciers, caution et séparation, sont toutes différentes et sont
appliquées dans des hypothèses diverses. Il paraît donc impossible que Papinien ait justifié
l'une par l'autre !

C'est en s'appuyant sur cette idée de mesures
conservatoires permises au créancier conditionnel que M. Bufnoir a soutenu que lors même

(1) L. 31, liv. 42, tit 5, Dig.

que le créancier agirait isolément, il n'en devrait pas moins *mitti in possessionem*, mais suivant une distinction.

Le créancier vient-il *ex causa judicati*, alors n'ayant aucune action, il ne pourra obtenir de jugement et, partant, pas de *missio in possessionem*.

Se présente-t-il, *successione jacente*, rien n'empêche le créancier conditionnel de demander qu'on lui assure son gage éventuel par la *missio in bona defuncti*.

Le Code civil (art. 1180) reconnaît formellement au créancier conditionnel le droit de prendre des mesures conservatoires, et le Digeste ne contient, à ma connaissance du moins, aucun texte contraire à cette opinion vraisemblable.

La confusion des patrimoines a pour effet d'éteindre les créances et les dettes respectives qui pouvaient exister entre le défunt et son héritier. Mais est-ce une véritable cause d'extinction des obligations? Pomponius et Modestinus (1) le prétendent; ils l'assimilent à l'acceptilation. Pour ces jurisconsultes le *jus separationis*, le *beneficium abstinendi* et la *bonorum separatio* devaient alors opérer comme la condition résolutoire de notre droit. Je ne pense pas que cette opinion ait été universellement suivie. Quoi

(1) Lois 75 et 117, liv. 47, tit. 3, Dig.

2

qu'il en soit, sous Justinien, la *confusio* est un obstacle à l'exercice des actions : l'obstacle disparaissant, et c'est là l'effet de la *bonorum separatio*, rien ne s'oppose plus à ce que les créanciers héréditaires profitent des droits qui compétaient au défunt contre celui qui est devenu son héritier.

Si le défunt laisse plusieurs héritiers, chacun d'eux n'est tenu que proportionnellement à la part qu'il recueille. Si l'un des héritiers avait une créance contre le défunt, la confusion ne l'empêche alors de réclamer dans cette créance que la part qu'il devait lui-même supporter. Le surplus de la créance lui est dû par ses cohéritiers. Il peut dès lors demander contre leurs créanciers personnels la *bonorum separatio* puisqu'il est leur créancier du chef du défunt.

C'est ce que décide du reste un rescrit de Dioclétien et Maximien (1) : une femme hérite de son oncle paternel pour un tiers. La créance qu'elle avait s'est donc éteinte par confusion jusqu'à concurrence de ce tiers. Quant aux deux autres tiers, elle peut les demander à ses cohéritiers, et si ceux-ci sont insolvables, elle peut se soustraire au préjudice qui la menace en demandant la séparation contre les créanciers de ses cohéritiers. Par rapport à eux et

(1) L. 7, liv. 7, tit. 72, Code.

pour les deux tiers, elle n'est, en effet, qu'un créancier héréditaire.

La loi 3 prévoit un cas de confusion plus compliqué; le fidéjusseur succède au débiteur principal ou réciproquement. La réunion des deux qualités sur la même tête n'étant pas possible, la confusion des patrimoines paralyse le fidéjusseur (1). Le préjudice qu'éprouve le créancier consiste dans la perte de la fidéjussion, mais la séparation ayant pour effet de remettre les choses au même état, fera disparaître l'obstacle créé par la confusion, et rendra à l'obligation accessoire toute son efficacité. C'est cette situation qu'examine Papinien dans notre loi. Il suppose que le débiteur principal a succédé à la caution. L'obligation principale absorbe l'accessoire, ce qu'indique nettement Julien : « cum reus promittendi fidejussori suo hæres extitit fidejussoria obligatio perimitur » (2).

Papinien néanmoins accorde la séparation au créancier qui conservera ainsi son action contre le fidéjusseur.

Papinien va même plus loin, car, se demandant si le créancier non satisfait sur les biens de la caution peut concourir avec les créanciers de l'héritier, il répond affirmativement. L'adi-

(1) L. 5, liv. 46, tit. 1, Dig.
(2) L. 14, liv. 46, tit. 1, Dig.

tion d'hérédité ne peut avoir pour effet de faire perdre au créancier un des deux gages qu'il avait. Deux patrimoines et deux débiteurs répondaient de la créance : la confusion unifie cette situation, mais c'est là un obstacle matériel qui disparaît par la *bonorum separatio*, et alors le créancier a une double qualité : en qualité de créancier du défunt, il peut demander la séparation, et en qualité de créancier de l'héritier, il peut concourir avec les créanciers de ce dernier.

J'ai supposé jusqu'ici que le débat ne s'élevait qu'entre créanciers chirographaires. *Quid* si les créanciers du défunt sont munis d'un droit de gage ou d'hypothèque ? Peuvent-ils obtenir la séparation ? Les textes ne distinguent pas. Rien n'autorise donc à refuser notre bénéfice à cette catégorie de créanciers. Ils n'auront sans doute pas souvent intérêt à l'invoquer, mais cet intérêt peut se présenter ; dans le cas, par exemple, où le gage ne suffirait pas à couvrir toute la créance, ils demanderaient alors la *separatio bonorum*.

Les textes mentionnent les légataires parmi ceux qui peuvent profiter du bénéfice prétorien.

En vertu de ce principe que les biens d'un homme ne sont que l'excédant de ce qu'il a sur ce qu'il doit : *bona intelliguntur cujusque quæ, deducto ære alieno, supersunt* (1), les légataires ne peuvent recevoir leur legs qu'après la complète satisfaction des créanciers héréditaires. Quoi de plus juste qu'on ne puisse faire de libéralités, qu'après avoir payé ses dettes ? *Nemo liberalis nisi liberatus.*

L'héritier n'est tenu des legs, qu'*intra vires* et même la loi le protège contre les libéralités excessives en lui accordant la *quarte Falcidie.*

Mais quand ces libéralités sont raisonnables et ne dépassent pas les bornes légales, il est alors équitable d'assurer et de garantir l'exécution des volontés du *de cujus*. D'autre part, l'héritier n'a droit de prendre dans la succession que ce qui reste après paiement des dettes et charges.

C'est sur cette double idée qu'est fondé le droit pour les légataires de demander la séparation, que leur reconnaissent formellement les lois 6, pr., et 4, § 2.

Les légataires n'auront pas à demander la séparation si le testateur est insolvable, alors même que les créanciers du défunt suivraient la foi de l'héritier, car ils ne prennent leurs legs qu'après avoir déduit une valeur égale au passif héréditaire. Cette valeur est dis-

(1) L. 31, § 1, Liv. 45, tit. 1, Dig.

tribuée aux créanciers du défunt qui la partagent au marc le franc avec les créanciers de l'héritier.

Il faut remarquer que la question qui s'est présentée sur le droit du créancier conditionnel ne se retrouve pas à propos du légataire conditionnel. Celui-ci a pour le protéger un autre droit que lui confère le préteur ; il pourra exiger une caution de l'héritier et *si satis non datur in possessionem bonorum venire prœtor voluit* (1).

C'est l'envoi en possession *legatorum servandorum causa*.

§ 2. — *Contre qui ?*

C'est contre les créanciers de l'héritier que sera dirigée la procédure de la *bonorum separatio*. Tout se passera entre ces deux masses de créanciers : *Creditores Seii dicunt bona Seii sufficere sibi, creditores Titii contentos esse debere bonis Titii.*

L'héritier n'a que faire dans cette liquidation : que les créanciers du défunt soient payés avant les siens, que lui importe ? son intervention est superflue. Ce sont les biens du défunt que les

(1) L. 1, § 2, liv. 36, tit. 3, Dig.

créanciers héréditaires veulent atteindre à l'exclusion des créanciers de l'héritier. C'est à ceux-ci qui y ont un intérêt évident qu'il appartient de contredire à la demande en séparation.

Cette règle est absolue et ne souffre aucune exception. Quelque favorisé que soit le créancier de l'héritier, il n'en devra pas moins subir la séparation. C'est ce que dit le § 3 de la loi 1 pour le créancier hypothécaire de l'héritier.

Le fisc lui-même ne trouve pas grâce devant cette juste sévérité... *sed etiam adversus fiscum et municipes impetraretur separatio.*

Et cependant les créances du fisc sont garanties par un privilège (1) qui devient plus tard une hypothèque générale et tacite.

Doit-on adopter cette même décision sous l'empire des lois caducaires. On sait que ces lois, dans le but de pousser les Romains au mariage, et à la procréation légitime, avaient institué toute une série d'incapacités ; les célibataires ne pouvaient recueillir ni hérédité ni legs. A défaut de *patres* le fisc succédait (2).|

Faut-il assimiler dans ce cas le fisc à un particulier et dire qu'il devra subir la séparation ? sans'aucun doute, car le fisc faisait vendre l'hérédité et les *sectores* prenaient sa place, ils

---

(1) L. 46, § 3, liv. 49, tit. 14, Dig. et L. 10, liv. 50, tit. 1, Dig.
2) Gaius, Com. II, § 286.— Ulpien, *Reg.*, tit. 17, § 2.

avaient la pétition d'hérédité utile(1). Ils étaient débiteurs comme s'ils étaient héritiers. Les créanciers héréditaires pouvaient donc demander la séparation contre les créanciers personnels du *bonorum sector* (2).

§ 3. — *Sur quels biens ?*

La séparation des patrimoines porte sur tous les biens mobiliers ou immobiliers, corporels ou incorporels, qui appartenaient au défunt lors de son décès, et sur tous les biens qui viennent s'y ajouter avant ou après l'adition d'hérédité : « si post impetrandam separationem aliquid heres adquisierit, si quidem ex hereditate, admitti debebunt ad id quod acquisitum est illis, qui separationem impetraverunt » (3).

D'après le système de la législation romaine, et contrairement à ce qui se passe dans notre droit actuel, la séparation des patrimoines était *collective* ou *par masses*, c'est-à-dire qu'elle ne portait pas sur tel ou tel bien détaché isolément de l'ensemble de l'hérédité, mais qu'elle embrassait *tous les biens dont la succession se composait*. Incident de la procédure en expropriation

(1) L. 34, pr., liv. 5, tit. 3, Dig.
(2) L. 1, liv. 4, tit. 39, Code. Ulpien, *Reg.*, tit. 17, § 3.
(3) L. 5, hoc tit. ; loi 20, § 3, D., *De hereditatis petitione* (5, 3).

dirigée contre l'héritier, elle donnait lieu à une administration distincte des biens héréditaires, et aboutissait à la vente de l'universalité de ces mêmes biens au profit des créanciers du défunt, pendant que le prix d'adjudication de l'universalité des biens de l'héritier restait affecté au paiement de ses créanciers personnels. Chez nous, au contraire, comme nous le verrons plus tard, la séparation est *individuelle* ; elle n'entraîne pas le dessaisissement du débiteur et ne soumet pas la masse entière des biens qui formaient le patrimoine du défunt à un régime particulier comme celui auquel elle donnait lieu dans le droit romain, ou analogue à celui qu'entraîne encore dans notre législation l'acceptation par l'héritier de la succession sous bénéfice d'inventaire (1), ou qui devient nécessaire lorsque la succession est vacante (2). La séparation s'applique seulement à certains biens déterminés, meubles ou immeubles de l'hérédité, sur lesquels, au moyen de certaines précautions et par l'emploi de certaines formalités (3), les créanciers du défunt peuvent s'assurer un droit de préférence et conserver leur gage.

(1) Art. 793-810, Cod. Nap., 986-996, Cod. proc. civ.
(2) Art. 811-814 Cod. Nap., 998-1002, Cod. pr. civ.
(3) V. les art. 878 et suiv.; 2111 et suiv.

SECTION II

Bien que réclamé par des créanciers y ayant droit en principe et dans les formes légales, l'exercice de la séparation leur sera néanmoins refusé dans certaines circonstances spéciales prévues presque toutes par les textes et que nous allons examiner successivement.

Il en sera ainsi :

I. — Lorsqu'au moment de l'action en réclamation de cet exercice plus de cinq ans se sont écoulés à compter de l'adition (1). Il y a alors, en effet, lieu de présumer : ou bien que les créanciers du défunt en s'abstenant jusque-là de demander ce bénéfice contre l'héritier qu'ils pouvaient cependant, en principe du moins, poursuivre dès l'instant de son adition, ont accepté cet héritier pour leur débiteur; ou bien que les valeurs héréditaires qui depuis ce même instant ont dû se trouver remises aux mains de l'héritier devenu, ainsi que nous l'avons vu, leur propriétaire unique, sont actuellement confondues en fait d'une manière irréparable avec les siennes propres, circonstances qui, comme nous al-

(1) L. 1, §§ 13, Dig., de Seg.

lons le voir, sont l'une et l'autre exclusives de l'exercice en question.

Observons ici que ce délai de cinq ans que la loi fait ainsi courir du jour de l'adition devra, lorsque la transmission héréditaire se sera opérée sans cette formalité et de plein droit, c'est-à-dire lorsqu'elle se sera effectuée au profit d'un héritier nécessaire, se calculer à partir de la mort du *de cujus*, puisque dans cette hypothèse le décès en question remplace littéralement, quant à ses effets, l'adition précitée.

II. — Quant à l'époque de l'action dont il s'agit, les choses ne sont plus entières.

Dans ce second ordre d'idées l'exercice de la séparation n'est pas accordé :

1° Lorsqu'antérieurement à la requête formée près du préteur l'hérédité a été vendue de bonne foi à un tiers (1). Il y a de ceci, en laissant de côté tout autre motif, une raison bien simple : c'est que le bénéfice dont nous nous occupons ne produisant à Rome aucun effet avant cette requête, ou plutôt avant le décret qui doit la suivre, l'héritier reste jusque-là pleinement investi de la saisine successorale et, par suite, de la propriété absolue des valeurs héréditaires. Il peut dès lors, provisoirement, pourvu toutefois qu'il agisse sans fraude, gérer comme bon lui semble

(1) L. 2, pr., Dig., *de Seq.*

et faire des actes de toute nature, lesquels, parfaitement valables dans leur principe, ne sauraient soit directement, soit indirectement, être repoussés ou critiqués plus tard par les créanciers héréditaires qui les ont, en quelque sorte, autorisés et ratifiés par leur silence. Il est du reste évident qu'une solution différente devrait être ici admise si la vente n'avait eu en réalité d'autre but que de faire échec aux droits des créanciers du défunt. Ceux-ci, dans ce cas, seraient fondés, en rescindant au moyen de l'action Paulienne, que leur accorde le droit commun, l'acte en question, à demander la séparation. C'est ce qui ressort implicitement des textes précités.

Que si au lieu de l'hérédité dont s'occupe seulement la loi, c'est une fraction soit aliquote, soit individuelle de cette même hérédité qui a été vendue, les créanciers du défunt qui, d'après les principes tout à l'heure exposés et dont la portée est naturellement générale, ne pourraient faire échec au contrat intervenu, conservant néanmoins quant aux biens héréditaires restés en dehors du contrat et par conséquent soumis à leur poursuite un intérêt plus ou moins grand à obtenir l'exercice de la séparation, seront fondés à se le faire accorder (1).

(1) Arg. L. 1, § 12, Dig., *de Sep.*

Les solutions que je viens de donner en ce qui concerne le cas de vente de tout ou partie de l'hérédité, s'appliqueront sans difficulté par parité de motifs, bien que la loi ait gardé à cet égard un silence complet, dans tous les cas où l'héritier a, par quelque acte que ce soit, et d'une manière quelconque, affecté au profit d'un tiers les biens de la succession.

Remarquons toutefois que cette extension ne saurait, du moins entièrement, comprendre les cas de constitution d'hypothèques ou de gages consentis par l'héritier sur ces mêmes biens. Ces constitutions, en effet, sont toujours, en vertu de la disposition expresse de la loi (1) et par une dérogation unique au principe général exposé plus haut, réputées non avenues au respect des créanciers du défunt. Le législateur guidé ici plutôt par l'équité que par la logique, a ainsi voulu mettre ces créanciers complètement à l'abri des actes les plus susceptibles de leur porter préjudice. Il en résulte que ces constitutions d'hypothèques ne pourront jamais mettre obstacle à la concession de l'exercice du droit de séparation.

2° Lorsque au même moment les biens du défunt, qu'il s'agisse du reste de meubles ou d'immeubles, se trouvent, en fait, tellement

(1) L. 1, § 3, Dig., *de Sep.*

confondus avec ceux de l'héritier qu'il n'y a plus moyen de les distinguer (1). Il serait, en effet, absurde d'accorder aux créanciers de ce défunt l'exercice d'un bénéfice qui ne pourrait plus leur apporter aucune utilité puisqu'ils ne sauraient sur quels objets faire porter le gage exclusif que le bénéfice a pour but de rétablir à leur profit. — Que si la confusion n'était que partielle, les créanciers du défunt ayant encore, quant aux objets héréditaires, qu'elle n'a pas atteint, intérêt à user de la séparation, pourront toujours en obtenir l'exercice.

3° Lorsqu'à la même époque les créanciers héréditaires ont déjà accepté l'héritier pour débiteur (2). Cette décision trouve, ainsi que l'indiquent les développements textuels qui l'accompagnent, une explication directe dans le caractère même que revêt en droit romain le bénéfice de séparation. En effet, celui-là ayant toujours pour résultat capital de faire rescinder à l'égard des créanciers précités l'adition d'hérédité et par suite de rendre complètement étranger à ces créanciers l'héritier que cette adition avait fait leur obligé, est essentiellement incompatible avec tout acte par lequel ces créanciers auraient, en consentant à avoir ce même héri-

(1) L. 1, § 22, Dig., *de Sep.*
(2) V. L. 1, §§ 10 et 15, Dig., *de Sep.*

tier pour leur débiteur, consolidé de fait son in-
vestiture successorale. En effectuant donc un
pareil acte et en suivant la foi de l'héritier, les
créanciers du défunt ont forcément renoncé
d'une manière tacite au bénéfice de séparation.
Ils ne sauraient être désormais recevables à obtenir l'exercice de ce bénéfice ; pas plus que ne
le seraient des créanciers personnels de l'héritier parmi lesquels ils sont venus prendre rang
et dont ils ont, par une sorte d'option, préféré
la situation à celle de créanciers séparatistes
qui leur était offerte à l'origine.

Maintenant quand y aura-t-il cette acceptation de l'héritier pour débiteur qui produira
la déchéance dont il s'agit ? Il est évident,
ainsi que cela résulte d'ailleurs des textes,
qu'elle existera dans tous les cas où l'intention
des parties se sera, soit explicitement soit implicitement, manifestée clairement en ce sens.
On se trouve donc là, en général du moins, devant une pure question d'appréciation. Toutefois quelques règles de droit étaient nécessaires,
sinon en ce qui concerne l'acceptation expresse,
qui ne pouvait offrir de difficultés réelles, du
moins à l'égard de l'acceptation tacite, qui
était susceptible d'en présenter de nombreuses.
Aussi voyons-nous le législateur romain, s'oc-
cupant de ce dernier point qu'il traite ici exclu-

sivement, d'une part attribuer à certains faits
qui lui ont semblé par leur nature renfermer
forcément l'intention sus-indiquée, la propriété
de constituer à eux seuls, et abstraction faite de
toute autre circonstance, l'acceptation tacite de
l'héritier pour débiteur, et d'autre part, en refuser l'aptitude à certains autres que l'on serait
peut-être tenté d'assimiler aux précédents. Les
faits qui forment la première catégorie sont :
d'abord et avant tout (1) la stipulation par laquelle les créanciers du défunt ont fait avec
l'héritier une novation dans leur créance ; puis
la réception d'une caution même insuffisante (2) ; ou d'un gage (3).

Ceux composant la deuxième sont la réclamation d'intérêts (4), et surtout l'action en justice (5) dirigée contre l'héritier par les créanciers
du défunt.

Comme, d'après ce que nous avons vu plus
haut, l'acceptation de l'héritier pour débiteur
n'entraîne au fond déchéance du droit d'obtenir
l'exercice de la séparation que parce qu'elle ren-
ferme nécessairement une renonciation à ce
bénéfice, il est évident que toute renonciation,

(1) L. 1, § 10, Dig., de Sep.
(2) Ibid.
(3) L. 1, § 15, Dig., de Sep.
(4) L. 1, § 10, Dig., de Sep.
(5) L. 7, D., de Sep. L. 3, Code, De bonis auct. jud. poss.

soit expresse, soit tacite, à ce même bénéfice
devra produire un résultat identique.

SECTION III

QUELS EFFETS PRODUIT LA SÉPARATION DES PATRIMOINES

La séparation des patrimoines était un bénéfice accordé aux créanciers héréditaires et aux
légataires, qui se faisaient payer sur les biens
du défunt par préférence aux créanciers personnels de l'héritier. Cette séparation des personnes
et des choses était prononcée par un décret du
préteur qui anéantissait ainsi les funestes effets
de l'adition d'hérédité, de telle sorte qu'il y avait
désormais deux classes de créanciers et deux patrimoines : *creditores Seii... creditores Titii... et
sic quasi duorum fieri bonorum venditionem* (1).
Les créanciers héréditaires, par leur demande
en séparation, faisaient remettre les choses dans
l'état où elles étaient avant la mort de leur débiteur : tout se passait comme si le défunt vivait encore. Lorsque le défunt avait consenti
une hypothèque à quelques-uns de ses créanciers, soit qu'ils aient demandé, soit qu'ils
n'aient pas demandé la séparation, ils étaient

(1) L. 1, § 1, *de Sep.*

3

payés par préférence sur les biens qui leur avaient été donnés en garantie. Dans les rapports des créanciers héréditaires entre eux, la séparation des patrimoines ne produisait aucun effet ; leur position était la même que si la confusion des deux patrimoines ne s'était pas opérée. Si, parmi ces créanciers, quelques-uns avaient suivi la foi de l'héritier en l'acceptant pour débiteur, la part à laquelle ils avaient droit se mêlait aux biens propres de l'héritier, sur lesquels ils venaient en concours avec ses créanciers personnels. En un mot, leurs droits étaient égaux : un créancier, quelque parti qu'il prît, ne pouvait nuire à son cocréancier et s'enrichir à ses dépens (1).

Les légataires du défunt qui ont obtenu la séparation ne seront payés que si les biens du défunt suffisent à désintéresser à la fois et les créanciers qui ont demandé la séparation et ceux qui ne l'ont pas demandée. Autrement, les libéralités testamentaires du défunt leur nuiraient : et elles ne peuvent jamais leur nuire ; car il est de principe que les legs ne sont payés qu'après les dettes « nec ex testamento plus legatorum nomine præstatur, quam quantitas est hæreditatis, ære alieno deducto » (2).

(1) L. 1, § 3 et 13, Dig., de Sep.
(2) L. 6 pr., de Sep. — Inst., lib. 2, tit. 22, § 3.

Lorsque les biens du défunt ont suffi à désintéresser ses créanciers et ses légataires, la séparation du patrimoine, n'ayant plus sa raison
d'être, tombera d'elle-même, puisque les créanciers héréditaires n'ont plus d'intérêt à la maintenir ; les règles du droit civil seront applicables,
et l'adition d'hérédité, un instant suspendue,
reprendra ses effets. Les créanciers personnels
de l'héritier et les créanciers héréditaires qui
ont suivi sa foi exerceront leurs droits sur son
patrimoine composé de ses biens propres et de
ceux qui restent de la succession, dont il est
désormais propriétaire incommutable. Rien de
plus juste ; car les créanciers personnels de l'héritier ont subi une séparation qu'ils n'avaient
pas demandée (1).

Plaçons-nous maintenant dans l'hypothèse
où le prix de la vente des biens séparés n'a pas
suffi à payer intégralement les créanciers de la
succession, et demandons-nous s'ils ont le droit
de s'attribuer ce qui reste dans les biens de
l'héritier, après que ses créanciers personnels ont
été complètement désintéressés ? Si la séparation des patrimoines était un privilège en faveur
de ceux qui l'ont obtenue, les créanciers de la
succession pourraient achever de se faire payer
sur les biens de l'héritier ou concourir avec les

(1) L. 1, § 17, et L. 3, § 2 *in fine, de Sep.*

autres créanciers héréditaires et les créanciers personnels de l'héritier, en supposant que ces derniers n'ont pas reçu complète satisfaction. Mais telle n'est pas la théorie du droit romain. Les créanciers du défunt, en demandant la séparation des patrimoines, ont voulu rompre toute relation avec l'héritier ; ils ont renoncé à leurs droits sur ces biens pour s'en tenir aux biens de leur débiteur primitif, « recesserunta personâ hæredis et bona secuti sunt, et quasi defuncti bona vendiderunt, quæ augmenta non possunt recipere » (1). Ils devront donc supporter la conséquence de la maladresse qu'ils ont commise en demandant la séparation, alors que les biens de l'héritier étaient suffisants pour les payer entièrement (2). Tel était le sentiment de Paul et d'Ulpien, qui ne permettaient pas aux créanciers du défunt de revenir sur les biens de l'héritier. Ulpien décide cependant que le préteur viendra au secours des créanciers héréditaires qui auraient demandé à la légère la séparation, s'ils allèguent une cause légitime d'erreur; il les restituera contre la demande en séparation qu'ils auront formée (3). Cette doctrine de Paul et d'Ulpien est conforme aux

(1) L. 5, *de Sep.*
(2) L. 1, § 17, Dig., *de Sep.*
(3) L. 1, § 17, Dig., *de Sep.*

principes du droit romain sur la séparation des patrimoines.

Papinien est d'un avis contraire : il décide que les créanciers du défunt qui ont demandé la séparation et qui n'ont pu se faire payer entièrement sur les biens de la succession, peuvent se rejeter sur ceux de l'héritier, après que ses créanciers personnels auront été complètement désintéressés (1). Cette doctrine n'est pas admissible, parce qu'elle laisse supposer entre les créanciers du défunt et l'héritier un rapport qui n'existe pas. De plus elle consacre un droit de préférence, un privilège qui ne peut s'accorder avec les véritables caractères de la séparation des patrimoines. C'est en vain que l'on a essayé de concilier les lois 1, § **17**, et la loi 5 de Paul et d'Ulpien avec la loi 3, § 2 de Papinien. Voët dit que la loi 3, § 2, s'applique lorsque ceux qui ont demandé la séparation se sont fait restituer contre leur demande. Quant à la loi 5, il l'explique en disant que Paul parle du cas où les créanciers de la succession prétendraient venir sur les biens personnels de l'héritier avant que les biens de la succession aient été vendus ; mais il suffit de lire le texte pour voir combien cette conciliation est impossible. Aussi Cujas convient-il qu'il n'y a aucun moyen de mettre

(1) L. 3, § 2, Dig., *de Sep.*

d'accord ces lois, et que Paul et Ulpien étaient
d'un avis contraire à celui de Papinien. La
preuve qu'il y avait controverse sur ce point
ressort de plusieurs expressions qui sont dans
les textes. Ainsi Paul, dans la loi 5, après les
mots *quod si proprii* ajoute : « *quidam putant,
mihi autem id non videtur ;* » ces mots font allusion, à n'en pas douter, à l'opinion de Papinien que Paul rejette. Cette conjecture est d'autant plus probable que la loi 5 est une note sur
le livre XIII des Questions de Papinien (on sait
que Paul avait fait des notes sur les livres des
Questions de Papinien). Une autre preuve à
l'appui de cette explication se puise dans la loi
3, § 2. S'agit-il de la question de savoir si les
créanciers de l'héritier peuvent venir sur les
biens de la succession après le paiement intégral
des créanciers du défunt, Papinien dit que cela
ne fait aucun doute (*quod sine dubio admitten-
dum est*) ; s'agit-il, au contraire, de la question
de savoir si les créanciers de la succession peuvent revenir sur les biens de l'héritier lorsque
ses créanciers personnels ont été désintéressés,
Papinien semble hésiter, et n'indiquer sa solution qu'avec doute : *probari commodius est ;* il
se décidait par une raison d'équité. Il faut
donc reconnaître une véritable antinomie entre
les textes et répéter avec Cujas : *Pugnant hæ*

leges ; constat inter Papinianum et Paulum fuisse quamdam æmulationem.

SECTION IV

PROCÉDURE DE LA SÉPARATION DES PATRIMOINES

Il ne faudrait pas croire qu'aussitôt après le décès du *de cujus* les créanciers s'adressaient au préteur, et que la séparation des patrimoines était une mesure conservatoire au moyen de laquelle les créanciers du défunt pouvaient sauvegarder leurs intérêts. La séparation des patrimoines n'était pas en droit romain le premier acte d'une procédure. Les créanciers qui voulaient l'obtenir devaient d'abord exercer des poursuites contre l'héritier. Dans le cas où celui-ci ne pouvait les payer ou tout au moins leur donner une caution, les créanciers étaient envoyés en possession de ses biens. Si nous supposons qu'aucun créancier personnel ne se présente pour faire vendre les biens dont les créanciers héréditaires sont nantis, il n'est pas besoin de demander la séparation des patrimoines : à quoi bon faire une double vente du patrimoine de l'héritier, s'il ne se présente qu'une seule catégorie de créanciers ? Si, au contraire, l'héritier a des créanciers qui pourraient partager avec les créanciers du défunt le produit de la vente du patrimoine du défunt, ceux-ci devront s'adresser au préteur pour empêcher ce concours.

La séparation des patrimoines se rattachait, ainsi que nous venons de le voir, aux mesures d'exécution qui devaient être prises sur les biens d'un débiteur par ses créanciers. La place qu'occupe dans le Digeste le titre de la séparation serait, à défaut d'autres preuves, une raison suffisante pour donner à la séparation le caractère qui lui appartient. La loi 1 du titre 42 nous montre en présence les créanciers du défunt et ceux de l'héritier. Il s'agit donc entre ces deux classes de créanciers d'une question de concours à résoudre. C'est alors qu'intervient la séparation. Avant de rechercher quels sont ses effets, il nous semble nécessaire de retracer les différentes phases de la procédure romaine concernant la vente des biens des débiteurs.

Lorsqu'un débiteur se trouvait hors d'état de satisfaire ses créanciers, ceux-ci s'adressaient au préteur qui les envoyait en possession de ses biens *rei servandæ causâ*. Au bout d'un certain temps, qui variait de quinze à trente jours, suivant qu'il s'agissait de l'envoi en possession des biens d'une personne décédée ou vivante, les créanciers se présentaient de nouveau devant le

préteur qui désignait l'un d'entre eux pour procéder à la vente des biens du débiteur. Le créancier désigné s'appelait *magister bonorum vendendorum*. On dressait la *lex bonorum vendendorum* : c'était une sorte de cahier des charges
que l'acquéreur devait accepter. Elle contenait
des engagements auxquels l'acheteur devait se
conformer, en cas d'acquisition des biens du
débiteur, et indiquait le dividende qu'il devait
payer au créancier. Le préteur rendait un troisième décret pour approuver ou improuver les
conditions de la loi de la vente qui devaient être
publiées au moyen d'affiches. Puis, après la
vente faite, le préteur faisait addiction à l'acheteur.

La demande en séparation devait se placer
dans cette procédure après l'envoi en possession ordonné par le préteur. La vente des biens
de l'héritier aurait été alors poursuivie par les
créanciers du défunt sur les biens personnels,
sic quasi duorum fieri bonorum venditionem.
Toutefois, il nous semble que même après l'addiction prononcée au profit de l'acheteur, la
séparation pouvait encore être demandée,
pourvu qu'il n'y ait point eu confusion réelle
entre les biens recueillis dans la succession du
défunt et ceux de l'héritier (1).

(1) Sous Justinien la *bonorum venditio* avait disparu et avait

L'acheteur avait l'interdit *possessorium* pour se faire mettre en possession des objets qu'il n'avait pas encore possédés. Il avait le choix entre l'action Rutilienne et l'action Servienne pour exercer les droits du débiteur dont les biens avaient été vendus. Enfin une exception servait à le maintenir dans la limite du dividende qu'il avait promis lorsqu'il était poursuivi par les créanciers.

Comment la séparation des patrimoines se combine-t-elle avec la procédure que nous venons d'exposer ? Les textes ne nous le disent point. Nous croyons que, au moment où les créanciers demandent l'envoi en possession des biens de leur débiteur, les créanciers du défunt réclament, eux aussi, devant le préteur, l'envoi en possession des biens du *de cujus*. Il y avait alors deux patrimoines distincts, deux curateurs, deux *magistri*, deux ventes.

Dans le cas où les créanciers de l'héritier faisaient leur demande d'envoi en possession avant que les créanciers héréditaires se fussent fait connaître, ceux-ci n'étaient pas pour cela déchus, mais ils devaient se présenter avant la confection du cahier des charges. Cependant, comme ils étaient en retard, et que la procédure était

fait place à la vente des biens des débiteurs pris séparément, c'est-à-dire à la *distractio bonorum*.

instruite, il n'y avait qu'une seule vente; mais la *lex bonorum vendendorum* indiquait au public l'importance des dettes de la succession qui devaient être payées par l'adjudicataire.

Il ne faut pas conclure de tout ce qui précède que les créanciers héréditaires ne pouvaient demander la séparation qu'autant que les créanciers personnels de l'héritier demandaient eux-mêmes l'envoi en possession, car alors il eût été de la dernière simplicité pour ceux-ci de rester inactifs pendant cinq ans, pour faire déchoir les créanciers héréditaires du bénéfice que la loi leur accorde. Les créanciers du défunt pouvaient demander au préteur l'envoi en possession des biens de la succession, et il n'y avait alors lieu qu'à la vente d'un seul patrimoine.

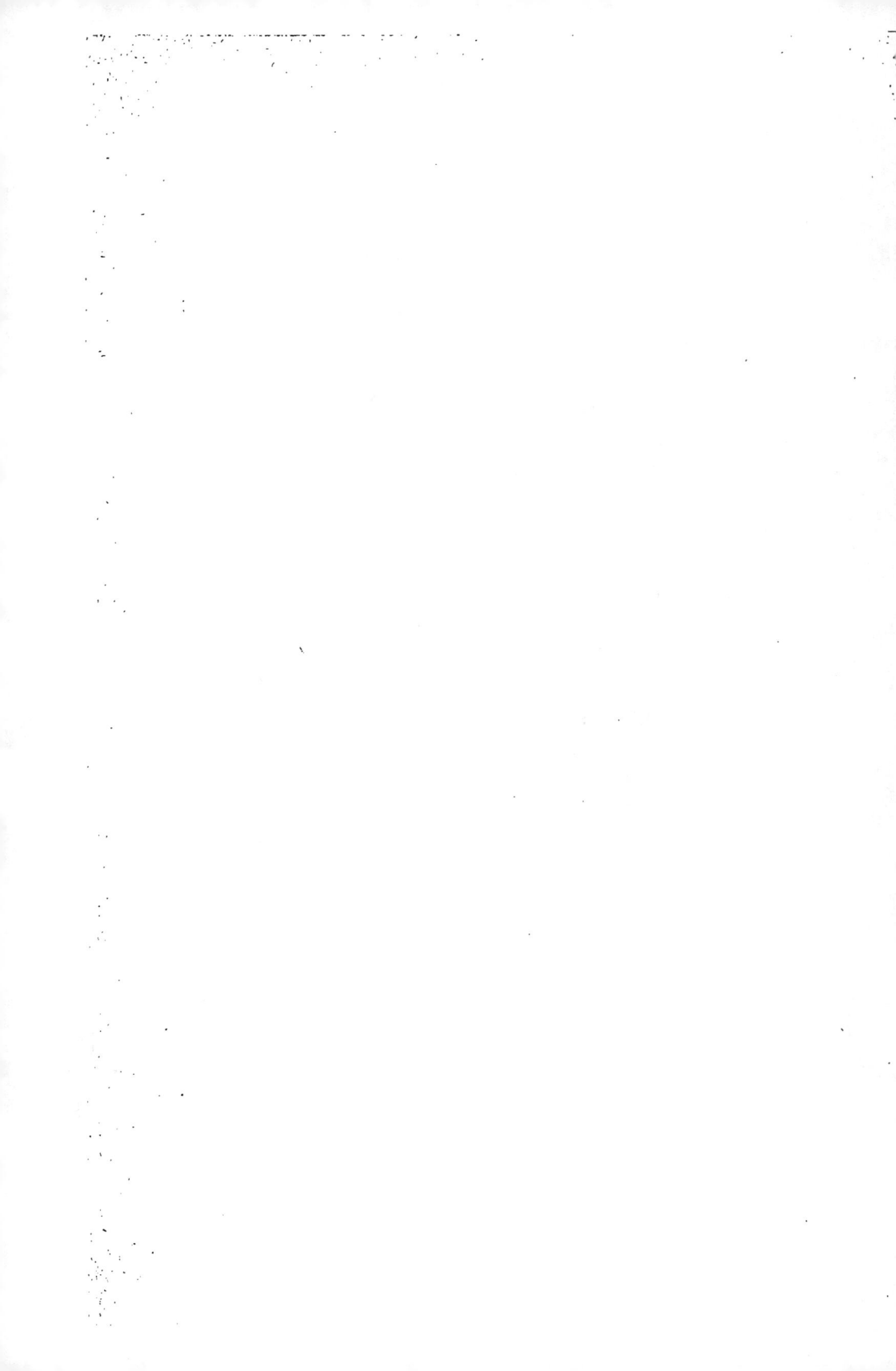

ANCIEN DROIT FRANÇAIS

Dans notre jurisprudence ancienne, la séparation accordée aux créanciers et aux légataires subsista seule, les droits sur lesquels étaient fondées les autres séparations étant tombés en désuétude.

Nous la retrouvons, non-seulement dans les pays de droit écrit, mais même dans les pays de droit coutumier, moins fidèles cependant aux traditions romaines : une seule coutume, celle de Hainault, ne l'avait point admise.

« C'est une matière, nous dit Lebrun en parlant de la séparation des patrimoines, que nous empruntons toute au droit romain, duquel il semble, par conséquent, qu'il ne se faudrait éloigner que par des raisons très importantes. » (*Successions*, liv. 4, ch. 2, sect. 1, § 18.)

Malgré cette déclaration, il faut pourtant bien reconnaître que la séparation des patrimoines a subi, en passant du droit romain dans notre droit, les plus graves modifications, et qu'elle a même, en quelque sorte, changé de caractère. Il importe donc de préciser la nature qu'elle revêt et les effets qu'elle produit alors, avec d'autant plus de soin que c'est précisément au droit coutumier que nous comptons recourir pour trouver la solution d'un certain nombre des difficultés que présente, sous l'empire de notre Code, l'étude de la séparation.

Le but de la séparation des patrimoines était, comme en droit romain, d'empêcher les résultats iniques résultant de la confusion du patrimoine de l'héritier avec le patrimoine héréditaire : ce n'est pas avec l'héritier, c'est avec le défunt que les créanciers ont traité ; sa succession doit donc, tout entière, répondre des dettes qu'il a contractées de son vivant. Lebrun exprime parfaitement cette idée lorsqu'il dit que « la mort fixe l'état des biens et des dettes d'un homme. »

En droit romain nous avons vu que l'adition d'hérédité était rescindée dans la mesure de l'intérêt des créanciers héréditaires ; tant que ces derniers ne sont pas désintéressés, toute relation de droit est rompue entre l'héritier et la succession ; il n'en a plus la disposition, ni même l'administration ; par rapport au patrimoine héréditaire, c'est un étranger.

La séparation française, au contraire, laisse

subsister tous les effets de l'adition ; *qui semel,
nunquam desinit esse hæres*, dit Lebrun. On
aperçoit déjà les graves modifications qui vont
résulter de cette théorie nouvelle.

En droit romain, il y a deux patrimoines
parfaitement distincts, indépendants l'un de
l'autre, et deux classes de créanciers. A chacune
d'elles, son patrimoine ; aux créanciers héréditaires, celui du *de cujus;* à ceux de l'héritier,
celui du débiteur ; l'idée du privilège n'apparaît
même pas.

Dans le droit coutumier, le principe est
changé : il n'y a plus qu'un seul patrimoine,
celui de l'héritier ; un seul débiteur, l'héritier.
Sans doute, les créanciers du *de cujus* seront
payés sur les biens de la succession par préférence aux autres créanciers de l'héritier ; mais il
n'en resteront pas moins pour cela ses créanciers personnels, en sorte que, après avoir
épuisé les biens héréditaires, ils pourront encore, s'ils n'ont pas obtenu pleine et entière
satisfaction, recourir aux biens de l'héritier.
C'est ce qu'exprime très nettement Pothier,
lorsqu'il dit que : « la séparation des biens introduite en faveur des créanciers de la succession
ne doit pas être rétorquée contre eux ; en la
demandant ils n'ont pas eu l'intention de libérer l'héritier de l'obligation qu'il a contractée

envers eux par l'acceptation de la succession, mais seulement d'être préférés sur les biens du défunt aux créanciers de l'héritier. »

C'est ici seulement qu'on voit apparaître l'idée de privilège ou tout au moins d'un droit de même nature, puisqu'il n'y a plus qu'un seul débiteur avec un seul patrimoine, et certains créanciers payés sur certains biens, par préférence aux autres.

On le voit, les conséquences de la doctrine nouvelle sont analogues à celles de la doctrine qu'enseignait Papinien et que nous avons repoussée. Mais, tandis que le jurisconsulte romain, reconnaissant franchement qu'elle s'écartait des principes, n'apportait à l'appui de sa décision que des considérations d'équité, Lebrun et Pothier invoquent, au contraire, pour soutenir la même théorie, des motifs qui la dénaturent bien plutôt qu'ils ne la justifient. D'après eux, les créanciers qui demandent la séparation ne veulent qu'une chose : prendre des garanties contre l'insolvabilité de l'héritier ; or, concluent-ils, peut-on jamais admettre qu'un créancier ait entendu libérer son débiteur parce qu'il a pris des garanties ?

Mais alors, puisque la séparation des patrimoines laisse subsister l'adition d'hérédité et que, à part le droit de préférence qu'elle confère aux créanciers héréditaires, on doit raisonner à leur égard comme si elle n'existait pas, il faudrait, pour être logique, admettre les créanciers de la succession qui n'ont pas été complètement désintéressés, non-seulement à revenir subsidiairement, après ses dettes payées, aux biens de l'héritier, mais encore à concourir sur ces mêmes biens avec les créanciers personnels de ce dernier.

Pothier cependant repousse, au nom de l'équité, cette conséquence rigoureuse, et il ajoute en parlant des créanciers héréditaires : « Puisqu'on leur sépare les biens de la succession dans lesquels les créanciers de l'héritier pourraient demander une concurrence avec eux, comme étant, les dits biens de la succession, devenus les biens de l'héritier par l'acceptation, il est équitable que, en conséquence, les créanciers de la succession leur laissent les biens de l'héritier. » Conclusion très équitable peut-être, mais, à coup sûr, fort peu logique !

Nous l'avons dit déjà, cette théorie nouvelle de la séparation, créant un droit de préférence au profit des créanciers héréditaires, se rapproche, au moins par certains côtés, de celle des privilèges. Toutefois, il importe de bien remarquer ici que si ce droit de préférence prenait, dans l'ancien droit, le nom de privilège, il était

4

loin, cependant, de réunir tous les caractères
des privilèges proprement dits. Il en différait
notamment à deux points de vue très importants à signaler :

1° La séparation, telle que l'entendent nos
anciens auteurs, ne conférait aucun droit de
suite aux créanciers héréditaires ; l'héritier,
restant toujours propriétaire des biens de la
succession, était parfaitement libre d'en disposer à son gré comme de ses propres biens.

2° Le but unique de la séparation était d'écarter des biens héréditaires les créanciers personnels de l'héritier, elle ne procurait aucun avantage à ceux qui l'avaient obtenue sur ceux qui
ne l'avaient pas demandée ; autrement dit, elle
était sans effet entre les créanciers héréditaires
qui, vis-à-vis les uns des autres, restaient tous
dans la situation où ils étaient du vivant de
leur débiteur.

Ces conséquences, d'ailleurs, sont formellement indiquées par Lebrun (*Traité des successions*, § 24).

Que dire maintenant des créanciers de l'héritier ? Pouvaient-ils, dans notre ancienne jurisprudence, obtenir la séparation contre les
créanciers du défunt, comme ceux-ci le pouvaient à leur égard ?

Nous avons vu que le droit romain leur refu-

sait absolument ce droit : la plupart des coutumes, au contraire, et la très grande majorité de
nos anciens auteurs le .leur accordèrent.
Quelques-uns cependant, parmi les plus autorisés, d'Espeisses, Lemaître, Lebrun, restèrent
fidèles à la doctrine romaine. Ce dernier
surtout reprend avec beaucoup de force les
arguments d'Ulpien ; comme lui, il fait remarquer qu'un débiteur est toujours libre de contracter de nouvelles dettes, et il ajoute, avec
raison, en parlant du droit accordé aux créanciers de l'héritier de demander la séparation
contre ceux du *de cujus* : « Ne serait-ce pas un
moyen infaillible pour se décharger des dettes
d'une succession que l'on aurait témérairement
acceptée, que de susciter ou feindre à plaisir
des créanciers chirographaires qui séparent les
patrimoines, et absorbent tous les biens de
l'héritier ? »

Pothier lui-même, avec sa grande autorité,
soutient la doctrine romaine comme étant
seule conforme à l'équité. Vains efforts. La jurisprudence avait depuis longtemps admis presque unanimement le système contraire, et les
meilleures raisons furent impuissantes à les
faire revenir d'une pratique qui subsista jusqu'au Code civil.

La séparation peut être demandée tant que

les biens n'ont pas été confondus, de telle sorte qu'il soit impossible d'en reconnaître l'origine. Pothier et Domat nous apprennent, en effet, que la prescription de cinq ans du droit romain ne doit plus être admise, par cette raison, « que toutes les prescriptions du droit romain sont abolies à moins qu'elles ne soient adoptées par les lois nationales ou par les coutumes. » Ce dernier point cependant était contesté par certains auteurs.

Enfin, la procédure en séparation est complètement changée. Ce n'est plus comme sous l'empire de la législation romaine, un incident des poursuites en expropriation dirigées contre lhéritier : il n'y a plus de vente en masse ; c'est une action qui peut s'exercer directement et dans la forme ordinaire. Chaque créancier peut agir dans son intérêt propre et demander la séparation par rapport à certains biens seulement ; c'est même, le plus souvent, en intervenant à un ordre hypothécaire ou à une procédure en distribution, que les créanciers qui veulent user de cette faveur feront valoir leurs droits, sans qu'il soit besoin, dans ce cas, d'aucune demande spéciale en séparation.

La nécessité, toutefois, d'obtenir, au moins jusqu'à une certaine époque, des lettres de chancellerie, rappelle encore, dans le droit coutumier, l'origine romaine de la séparation.

DROIT INTERMÉDIAIRE

Le droit intermédiaire ne changea rien à la séparation des patrimoines telle qu'elle était organisée dans notre droit coutumier. La loi du 9 messidor an III avait organisé un système hypothécaire, mais se taisait sur la séparation des patrimoines. Du reste, cette loi ne fut jamais en vigueur, seule la loi de brumaire an VII, qui a organisé le mode de publicité des privilèges et hypothèques, fait mention de la séparation des patrimoines dans son art. 14 et s'exprime ainsi : «... le tout sans préjudice du droit qu'ont les créanciers des personnes décédées et les légataires, de demander la distinction et la séparation des patrimoines conformément aux lois. » C'était consacrer purement et simplement la législation adoptée par les coutumes.

La séparation continue d'être un droit de préférence *sui generis*, n'engendrant jamais de droit de suite et faisant exception à la théorie

générale des privilèges et hypothèques. C'est ce
que nous dit un arrêt de la Cour de cassation
du 22 janvier 1806 : « Sous l'empire de la loi de
brumaire an VII, la séparation des patrimoines
n'était pas un privilège, mais une exception aux
privilèges, d'où il suit que cette loi n'a pas
voulu l'assujettir aux règles établies par l'article 39 concernant les privilèges et hypothèques, et par conséquent, que la date de l'inscription prise par les créanciers hypothécaires
de l'héritier est indifférente » (1).

Il semblerait logique, puisque la séparation
des patrimoines n'est pas un véritable privilège et que la loi de brumaire a subordonné la
préférence à la priorité de l'inscription, de
décider que la séparation n'est point opposable
aux créanciers de l'héritier inscrit avant la
demande, et qu'elle l'est à ceux qui ne sont
inscrits que depuis cette demande. La Cour de
cassation s'était prononcée en ce sens, mais elle
rendit aussi des arrêts en sens contraire (2).

Nous allons étudier maintenant les règles qui
régissent la séparation des patrimoines sous
l'empire du Code civil.

(1) V. dans le même sens, Cas., 8 sept. 1806, 8 mai 1811 et 8 nov.
1815.
(2) Cas., 8 sept. 1806 ; — Paris, 1er nivôse an XIII et 17 oct. 1809.

CODE CIVIL

La matière que nous allons étudier est contenue dans un très petit nombre d'articles. D'abord au titre *des Successions*, les art. 878, 879, 880 et 881 posent les principes de la séparation des patrimoines, en s'inspirant des doctrines et presque des termes de Lebrun et de Pothier; puis au titre des *Privilèges et hypothèques*, l'art. 2111, que complète l'art. 2113, qualifie de privilège le droit de séparation des patrimoines, sans que l'on puisse trouver aucun précédent à cette doctrine, soit dans le droit romain, soit dans notre ancienne jurisprudence.

Sur un terrain d'aussi peu d'étendue, les jurisconsultes ont engagé des luttes nombreuses et acharnées qui durent encore aujourd'hui : c'est qu'au laconisme de nos textes vient s'ajouter l'obscurité des termes employés par le législateur. Pour résoudre des questions de la plus haute importance qui divisaient nos anciens auteurs, les interprètes modernes sont, pour ainsi dire, forcés de chercher à deviner l'intention des rédacteurs du Code, sans jamais être sûrs de l'avoir découverte.

Les travaux préparatoires sont très sommaires en ce qui concerne la séparation des patrimoines; ils ne nous fournissent presque aucun éclaircissement. Les art. 878 à 881 et 2111 ont été proposés et votés sans commentaires, soit au Conseil d'Etat, soit au Tribunat, soit au Corps Législatif. C'est ce qui a fait dire à M. Blondeau, dans son *Traité de la séparation des patrimoines* : « Il n'est pas de matière du « droit privé sur laquelle les auteurs de notre « Code civil aient plus vaguement exprimé leur « pensée. Je pourrais même dire sur laquelle ils « aient eu des idées moins arrêtées, que sur le « bénéfice de la séparation des patrimoines. »

Aussi, de nombreux systèmes se formèrent dès la promulgation du Code et divisèrent la doctrine au point qu'elle n'est pas encore fixée aujourd'hui. La jurisprudence elle-même varie dans ses décisions et fournit un ensemble dans lequel les opinions les plus contradictoires peuvent puiser des arguments.

La question fondamentale qui, en raison de son importance, est discutée avec le plus d'ardeur par les jurisconsultes, est celle de savoir si la séparation des patrimoines constitue un véritable « privilège », créant au profit des créanciers héréditaires « un droit de préférence » et un « droit de suite », ou bien si elle n'est qu'un privilège incomplet n'engendrant qu'un simple droit de préférence.

Lorsqu'en 1855 on vota la loi sur la transcription, il me semble que l'on eût pu s'occuper de la séparation des patrimoines pour en déterminer la nature et mettre fin à la controverse; mais c'est une occasion qu'on laissa échapper. Il en résulte une nouvelle complication; en effet, certains auteurs puisent dans ce silence de la loi de 1855 un argument pour soutenir que la séparation n'est pas un privilège, puisque la loi qui fixe les délais dans lesquels le privilège peut être inscrit ne parle pas de la séparation. D'autres soutiennent, au contraire, que la loi en question ne parlant pas de la séparation, c'est qu'apparemment elle ne s'y réfère pas, et entend laisser les règles qui régissent cette matière dans leur état primitif. L'art. 2111, d'après cette dernière opinion, n'a donc reçu aucune modification et a été, par conséquent, maintenu dans son intégralité.

Je vais examiner les principales questions que soulève notre matière, et avant tout m'efforcer de rechercher quelle est la nature juridique de la séparation des patrimoines.

CHAPITRE PREMIER

DE CEUX A QUI COMPÈTE LE BÉNÉFICE DE SÉPA-RATION DES PATRIMOINES

La séparation des patrimoines est un bénéfice légal qui a pour objet d'empêcher que les biens d'une succession ne soient confondus avec ceux de l'héritier, afin que les créanciers de la succession soient payés sur les biens qui en proviennent, par préférence aux créanciers personnels de l'héritier. Ce bénéfice, que l'ancienne jurisprudence avait emprunté au droit romain, est fondé sur l'équité : *Hoc est igitur æquissimum*, disait Ulpien (1). En effet, l'héritier ne succède aux biens du défunt que sous l'obligation d'acquitter toutes les charges de la succession (art. 724 C. N.) ; or, il est évident que ses créanciers ne peuvent avoir sur ces biens des droits plus étendus que ceux qu'il a lui-même ; ils n'ont donc pas d'autres droits que les siens, et ils sont, comme lui, tenus d'acquitter toutes les charges de la succession avant d'en retirer aucun profit.

Les créanciers de la succession peuvent de-

(1) L. 1, § 1, liv. 42, tit. 6, *de Sep.*

mander, dans tous les cas et contre tout créancier, la séparation du patrimoine du défunt d'avec celui de l'héritier (art. 878 C. N.). Les légataires jouissent, comme les créanciers héréditaires, du bénéfice de séparation ; les art. 878 à 881 ne parlent, il est vrai, que des créanciers ; mais, dans son acception la plus étendue, cette expression comprend aussi les légataires. La rédaction de l'article 2111 démontre d'une manière évidente que c'est en ce sens que le législateur l'a employée dans les articles précités.

Tous les créanciers du défunt peuvent, sans distinction, demander la séparation des patrimoines ; peu importe la forme du titre, la cause et l'origine de la créance ou les différentes modalités dont elle pourrait être affectée. Les textes sont généraux et ne font aucune distinction ; car ce droit est indépendant de l'hypothèque, et c'est la simple qualité de créancier qui le donne, la séparation des patrimoines n'étant qu'une mesure conservatoire (1).

Les créanciers porteurs d'actes sous seing privé peuvent demander la séparation des patrimoines tout aussi bien que les créanciers porteurs d'actes authentiques. Il est clair que c'est principalement pour les créanciers chiro-

(1) Domat, *De la séparation des biens*, tit. 2, sect. 1, n° 2.

graphaires du défunt, qui ont le moins de garanties, que la séparation des patrimoines présente le plus d'intérêt. Les créanciers même qu
n'ont aucun titre (tels sont les fournisseurs en
général), auront également le droit de demander la séparation des patrimoines, sauf à prendre, à cet effet, les mesures nécessaires.

Les créanciers privilégiés et hypothécaires du
défunt inscrits avant le décès ne sont pas pour
cela dispensés de recourir à la séparation des
patrimoines. Quoique Pothier et quelques auteurs aient soutenu que ce bénéfice leur était
inutile parce qu'ils primaient de plein droit les
créanciers personnels de l'héritier, lors même
que les hypothèques de ceux-ci étaient les plus
anciennes (1). Ces créanciers privilégiés et hypothécaires peuvent avoir un grand intérêt à demander la séparation, soit pour s'assurer un
droit de préférence sur ceux des biens héréditaires que n'atteindraient pas leurs privilèges et
leurs hypothèques, soit pour garantir des
créances accessoires, par exemple des intérêts
que ne couvrirait pas l'inscription prise avant
le décès du défunt ; soit pour écarter les créanciers de l'héritier qui, par suite de la confusion
des patrimoines, pourraient acquérir des droits
préférables aux leurs ; soit, enfin, pour éviter

(1) Pothier, *Traité des successions*, ch. V, art. 4.

l'effet des hypothèques légales et générales frappant les biens de l'héritier, et qui peuvent avoir un rang antérieur au décès.

Le créancier garanti par une caution peut également demander la séparation des patrimoines ; car, en prenant ses précautions contre l'insolvabilité possible de son débiteur, il n'a probablement pas voulu diminuer ses autres droits ; il peut arriver aussi que la caution devienne insolvable.

La séparation des patrimoines peut être obtenue par les créanciers et les légataires à terme ou conditionnels ; seulement, comme, dans le cas de condition, il n'y a qu'une simple espérance (puisqu'il n'est pas certain que le droit se réalisera), rien n'empêcherait l'héritier ou ses créanciers de prendre la valeur qui fait l'objet de ce droit éventuel, en donnant valable caution de la restituer plus tard si la condition s'accomplit (1).

Si les biens d'une succession passent d'un héritier à son héritier, et de celui-ci à d'autres héritiers successivement, de sorte que la première succession et les suivantes se trouvent confondues entre les mains des héritiers à qui elles passent, les créanciers de chaque succession sui-

(1) L. 4 pr., *de Separat.* — Pothier, *des Success.*, ch. V, art. 4. — Merlin, v° *Sépar. des patrimoines*, § 2, n° 2.

vront les biens d'un héritier à l'autre, et pourront en demander la séparation (1) ; mais il faut
qu'à chaque transmission d'hérédité, le droit
ait été conservé et exercé de la manière et dans
les délais voulus par la loi.

Lorsqu'un débiteur devient héritier de celui
qui l'avait cautionné, le créancier peut demander la séparation du patrimoine de la caution
d'avec le patrimoine du débiteur principal. Telle
est la disposition de la loi 3 princip. *de Separat.*
dans le cas où le débiteur a succédé à la caution.
Domat décide qu'il en doit être ainsi, à plus forte
raison, lorsque c'est la caution qui a succédé au
débiteur (2).

L'héritier *pro parte* créancier du défunt obtiendra la séparation des patrimoines pour ce
qui lui était dû par ceux-ci, sous la déduction
de la part dont il faisait confusion comme héritier (3).

Un auteur propose l'espèce suivante : Paul
accepte la succession de son père, puis ensuite
celle de sa mère, qui se trouvait créancière de la
succession du père pour ses reprises matrimoniales ; les créanciers de la mère obtiennent la

(1) Domat, *De la séparat. de biens*, liv. 3, tit. 2, n° 7. — L. 1,
§ 8, Dig.

(2) Domat, liv. 3, tit. 3, sect. 1, n° 8.

(3) C., L. 7, *de Bon. auctor. judic. possid.*, liv. 7, tit. 72. — Pothier, *des Successions*, ch. V, art. 4.

séparation des patrimoines : on se demande s'ils peuvent faire comprendre dans cette séparation et exercer en conséquence à leur profit les droits que leur débitrice avait contre la succession du père. On oppose à leur prétention que Paul en acceptant les deux héritiers, est devenu tout à la fois créancier et débiteur de ces droits ; qu'il y a donc eu confusion, et en conséquence, extinction de l'obligation. Néanmoins d'Héricourt (1) décide, et avec raison, en faveur des créanciers de la mère. Quant à l'argument tiré de la confusion, il répond que la séparation des patrimoines a précisément pour objet de l'empêcher, et que conséquemment, dans l'espèce, les créanciers de la mère pourront exercer leurs droits exclusivement sur le montant des reprises que leur débitrice avait à répéter contre son mari (2).

Les légataires ont, comme les créanciers du défunt, le droit de demander la séparation des patrimoines (art. 2111 C. N.). Ils ne sont pas, sans doute, créanciers du défunt, mais ils sont créanciers de la succession, et la seule différence entre eux et les créanciers du défunt, c'est qu'ils ne peuvent être payés sur les biens de l'hérédité qu'après ces derniers : *Nemo liberalis nisi libe-*

(1) *De la vente par décret*, ch. II, sect. 11.
(2) Delvincourt, tom. 2, notes sur la page 57.

ratus. Le droit romain mettait les actions des légataires au nombre des actions héréditaires, et, assimilant à cet égard les légataires aux créanciers, il accordait aux premiers tout aussi bien qu'aux seconds le droit de demander la séparation des patrimoines (1). Ce même droit qui existait à leur profit dans l'ancienne jurisprudence, a été maintenu par le Code (art. 878 et 2111) (2).

Les légataires peuvent demander la séparation des patrimoines dans tous les cas, quelles que soient la nature et la forme du titre qu'ils invoquent. Que le testament soit authentique ou olographe, que le legs qui leur a été fait soit à terme ou sous condition, peu importe, le seul titre de légataire suffit pour demander la séparation, qui n'est qu'un acte conservatoire. La contestation qui existerait sur la validité du testament en vertu duquel ils se présentent, ne serait point non plus un obstacle à la demande, et l'effet de l'inscription sur les biens de l'hérédité serait maintenu jusqu'à la décision de la contestation.

Les légataires sont légataires universels, ou à titre universel, ou à titre particulier (art. 1002

(1) L. 40, liv. 44, tit. 7, *de Oblig. et act.* — L. 6, princip., Dig., *de Sep.*

(2) Domat, *De la sépar. de biens,* liv. 3, sect. 1, n° 3.

C. N.). Voyons quels légataires peuvent avoir
intérêt à réclamer le bénéfice de séparation des
patrimoines.

Légataires universels. — Le légataire universel, étant *loco hœredis*, est propriétaire de tous
les biens de la succession ; quelquefois même il
est saisi de plein droit par la mort du testateur,
sans être tenu de demander la délivrance (article 1006 C. N). Mais le legs peut être à terme ou
conditionnel, et les créanciers ou légataires ne
peuvent alors conserver leurs droits contre les
créanciers de l'héritier légitime qu'au moyen de
la séparation. Dans le cas où le legs se compose
de meubles, ile ne peuvent conserver leurs droits
qu'en demandant la séparation des patrimoines,
seul moyen d'empêcher la confusion entre les
meubles de l'héritier et les meubles de la succes·
sion.

Légataires à titre universel. — Tout ce qui a
été dit du légataire universel s'applique au légataire à titre universel. Lorsqu'il s'agira de meubles légués *in genere* ou d'un legs d'une quote-
part du mobilier, que le legs ait été fait avec ou
sans condition, le légataire à titre universel aura
grand intérêt à recourir à la séparation pour empêcher la confusion de ce mobilier avec celui de
l'héritier.

Légataires particuliers. — Le légataire parti-

5

culier ayant acquis un droit à la chose léguée du jour du décès du testateur (art. 1014 C. N.), il lui suffit d'en demander la délivrance à l'héritier. Si celui-ci avait disposé de la chose léguée au profit d'un tiers, le légataire aurait contre ce tiers détenteur l'action *in rem* pour le revendiquer. Le droit de séparation n'aurait donc d'autre utilité pour lui que de lui assurer la restitution des fruits.

Nous avons supposé jusqu'ici qu'il s'agit d'immeubles ; mais s'il s'agit de meubles le légataire devra demander la séparation des patrimoines pour empêcher l'application de l'article 2279 C. N. Il faut en dire tout autant du cas où une somme d'argent ou une quantité quelconque aura été léguée.

Indépendamment de la garantie que les légataires trouvent dans la séparation des patrimoines pour le paiement de leurs legs, la loi leur accorde une hypothèque sur les biens de la succession (art. 1017 C. N.). Justinien, en abolissant l'envoi en possession qu'obtenaient les légataires, parce qu'il donnait lieu à de fréquentes difficultés, leur avait accordé une hypothèque de plein droit sur les biens de l'hérédité. Mais l'effet de cette hypothèque était, à l'égard de chacun des héritiers ou autres débiteurs d'un legs ou fidéicommis, mesuré sur l'étendue de leur obligation personnelle (1) ; tandis que le Code civil l'établit indistinctement *pour le tout,* contre les héritiers et autres débiteurs d'un legs jusqu'à concurrence de la valeur des immeubles de la succession dont ils sont détenteurs (article 1017 C. N.).

L'hypothèque, dans ce cas, est aussi indivisible dans ses effets qu'elle l'est dans les cas ordinaires (art. 2114 C. N.). Le but du législateur, en introduisant cette hypothèque, n'a pas été de donner aux légataires une préférence sur les créanciers du défunt; car, dit Voët, *nec legata præstanda esse, nisi postquam dimissi fuerint defuncti creditores ;* mais il a voulu seulement mettre le légataire à même d'acquérir un droit de préférence sur les créanciers de l'héritier, et assurer par là le paiement des legs et la volonté du défunt, en établissant à leur profit un droit de suite sur les biens affectés au paiement des legs, quoique cette hypothèque soit une hypothèque légale, elle n'est pas dispensée d'inscription.

Les légataires ont donc une double garantie pour la sûreté de leurs legs, l'hypothèque légale de l'art. 1017, et le droit de demander la séparation des patrimoines (art. 2111, 2113 C. N.) : c'est là une preuve irrécusable de la prévoyance

(1) L. 1, C., *Commun. de legat.,* liv. 6, tit. 53.

qui a dirigé le législateur pour mieux assurer les dernières volontés des mourants. Ces deux droits accordés aux légataires sont complètement distincts, malgré l'opinion émise par certains auteurs qui ont soutenu que l'hypothèque de l'art. 1017 s'était identifiée avec le droit de demander la séparation des patrimoines. Il est facile de démontrer qu'il existe une différence notable entre l'hypothèque légale des légataires, et le bénéfice de séparation, et qu'il résulte de ces deux droits des avantages spéciaux. L'hypothèque établie par l'art. 1017 au profit des légataires n'est pas la même chose que le privilège de séparation des patrimoines dont il est question dans les art. 2111 et 2113 C. N.

1° L'hypothèque des légataires n'a de rang que du jour de son inscription sur le registre du conservateur des hypothèques (art. 2134 C. N.).

2° En vertu de l'hypothèque, chacun des codébiteurs d'un legs peut être tenu de l'acquitter pour le total. Le privilège ne l'y soumet que dans les limites de sa portion héréditaire.

3° L'hypothèque de l'art. 1017 est plus avantageuse, en ce sens qu'elle peut être exercée lors même que le légataire a accepté l'héritier pour débiteur, et qu'elle jouit du privilège de l'indivisibilité.

4° L'hypothèque légale ne peut préjudicier aux autres créanciers ni aux autres légataires du défunt, qui ont toujours le moyen d'en empêcher l'effet, en ce qui les concerne, par la séparation des patrimoines, tant qu'ils n'ont pas accepté l'héritier pour débiteur.

De son côté, la séparation des patrimoines a sur l'hypothèque légale ce double avantage, qu'elle donne un droit de préférence non-seulement sur les immeubles, mais encore sur les meubles, et qu'elle assure le droit de préférence sur les immeubles avec effet rétroactif lorsque l'inscription est prise dans les six mois de l'ouverture de la succession (art. 2111 C. N.).

Les créanciers de l'héritier, suivant l'art. 881 C. N., ne sont point admis à demander la séparation des patrimoines contre les créanciers de la succession (*ex contrario autem creditores hæredis non impetrabunt separationem*). Ulpien nous en donne le motif : *nam licet alicui, adjiciendo sibi creditorem, creditoris sui facere deteriorem conditionem* (1). Dans l'ancien droit, cette décision des jurisconsultes romains n'a pas été admise par tous les auteurs : Domat et le président Espiard autorisaient les créanciers de l'héritier à demander la séparation des patrimoines ; Lebrun et Pothier défendaient la

(1) L. 1. § 2, *de Separat.*

doctrine romaine, que les rédacteurs du Code ont consacrée dans l'art. 881. En effet, les créanciers de l'héritier ne peuvent l'empêcher de contracter de nouvelles dettes; ils sont en faute d'avoir contracté avec un individu assez imprudent pour accepter une succession onéreuse; *Sibi imputent qui cum tali contraxerunt*, ajoute le jurisconsulte (1). Quant aux créanciers héréditaires, ils sont à l'abri de tout reproche, il n'ont suivi que la foi du défunt! C'est en lui seulement qu'ils ont eu confiance; on ne peut donc pas les forcer à accepter pour débiteur l'héritier avec lequel ils n'ont point traité. Si les créanciers de l'héritier ne peuvent pas faire séparer les patrimoines, ils peuvent obtenir le même résultat en faisant déclarer nulle et non avenue, conformément au principe doctrinal de l'art. 1167 C. N., l'acceptation d'une succession mauvaise, à la condition toutefois de prouver que cette acceptation a été faite en fraude de leurs droits.

(1) L. 1, § 5, *de Separat.*

CHAPITRE II

DES PERSONNES CONTRE QUI LA SÉPARATION DES PATRIMOINES PEUT ÊTRE DEMANDÉE

Je n'examine pas ici la procédure ; je réserve cette question de savoir si la demande en séparation est soumise à une réglementation spéciale, — je recherche seulement contre qui la séparation est dirigée effectivement, je veux dire contre qui elle produit les conséquences qui lui appartiennent.

Observons tout d'abord qu'il n'est nullement nécessaire que la séparation s'effectue à la fois contre tous les créanciers de l'héritier. Rien ne s'oppose à ce que ceux qui y procèdent dirigent leur demande contre quelques-uns seulement des créanciers de l'héritier. C'est là une conséquence de l'individualité de la séparation des patrimoines.

Cette observation faite, je rappelle qu'à Rome et dans notre ancien droit la séparation était dirigée contre les créanciers de l'héritier. Y a-t-il sur ce point quelques changements dans notre droit moderne ? La négative est évidente ; l'héritier est en dehors de la distribution des deniers, c'est entre les créanciers que tout se passe. L'héritier reste débiteur à l'égard des deux catégories de créanciers.

Les art. 878 et 2111 sont suffisamment explicites et enlèvent tous les doutes qui auraient pu exister : « contre tout créancier, » dit l'art. 878.

Il n'y a non plus aucune distinction à faire entre les créanciers de l'héritier, et, reprenant ce que la loi 1 disait, l'on peut affirmer que la séparation sera accordée même contre le fisc. Il y a eu cependant quelques doutes sur ce point : l'art. 32 de la loi du 22 Frimaire an VII donnait au trésor un privilège sur les revenus des biens de la succession, « en quelques mains qu'ils se trouvassent. » Le trésor, s'appuyant sur cet article, prétendit que la séparation des patrimoines ne pouvait l'atteindre. Après de nombreuses hésitations, la Cour de cassation, par arrêt du 23 juin 1857, déclare que le trésor devait, comme tout créancier de l'héritier, subir la séparation : les créanciers de la succession seront ainsi préférés à la Régie; on ne peut, en effet, faire peser les droits de mutation sur des créanciers qui n'héritent pas.

Les créanciers de l'héritier, hypothécaires ou privilégiés, se verront, comme les créanciers chirographaires, primés par les créanciers séparatistes. C'est que la qualité de la créance n'influe en rien. Ainsi la séparation pourra être demandée contre la femme elle-même de l'héritier, créancière de son mari pour sa dot et ses reprises matrimoniales ou contre le mineur et l'interdit dont l'héritier aurait géré la tutelle.

De même les créanciers auxquels l'art. 2101 accorde un privilège général sur les meubles et les immeubles seront non recevables à repousser la séparation.

Cette dernière solution a été contestée et on a cherché à faire plusieurs distinctions que rien ne justifie. La vérité est que notre article est absolu et ne comporte aucun tempérament. On a cru néanmoins trouver une exception dans les art. 2102 (3e) et 2103 (4e et 5e). Ces articles reconnaissent un privilège : 1° à ceux qui, sur l'ordre de l'héritier, ont exécuté des travaux sur les biens héréditaires; 2° à ceux qui ont fait des frais pour la conservation de la chose.

Ces créanciers, dit-on, pourront repousser la séparation dirigée contre eux, et cependant ce sont des créanciers de l'héritier. Il y a donc là une exception ; oui, si l'on admet qu'ils sont créanciers de l'héritier. Mais il n'en est rien, et MM. Aubry et Rau font ressortir avec raison qu'ils sont des créanciers du défunt et non de l'héritier.

La séparation peut-elle être demandée contre les légataires? On serait tenté, au premier abord, de répondre négativement : les art. 878 et 2111 ne permettent la séparation que contre les créanciers. En outre, en vertu de la maxime *nemo liberalis nisi liberatus*, on peut dire que les légataires ne seront payés qu'après les créanciers, et l'on ne voit, dès lors, plus de place pour la séparation. Il faut cependant décider que la séparation sera efficace. Les légataires ne sont, en effet, que des créanciers. L'héritier qui a accepté purement et simplement la succession s'est, par cela même, obligé personnellement envers les légataires qui deviennent, dès ce moment, ses créanciers, et, partant, doivent être compris dans la dénomination de créanciers.

Quant à la maxime *nemo liberalis*, etc., elle a ici une portée bien vague, car, tant que la confusion entre les biens subsiste, il n'y a lieu à aucune préférence en faveur des créanciers héréditaires. Pour que cette préférence existe, il faut, ou que l'héritier ait obtenu le bénéfice d'inventaire ou que la séparation ait été accordée. Jusque-là il n'y a qu'un débiteur et qu'une seule catégorie de créanciers qui n'ont entre eux d'autres causes de préférence que celles qu'ils peuvent puiser dans une sûreté que le débiteur aura pu leur donner par un acte spécial. Il y a donc intérêt à demander la séparation contre les légataires.

Mais en partant de ce point de vue, ne peut-on dire aussi que les créanciers pourront agir par la séparation contre d'autres créanciers héréditaires qui auraient reçu de l'héritier des garanties spéciales sur les biens héréditaires et d'où résulterait pour eux une cause de préférence? MM. Demolombe, Aubry et Rau admettent la séparation en ce cas. Je crois plus juridique l'opinion qui, s'appuyant sur l'article 879, reconnaît dans ce créancier héréditaire un véritable créancier de l'héritier, puisqu'il a accepté ce dernier pour débiteur, et par suite prononce contre lui la déchéance de l'art. 879.

Je me suis servi jusqu'à présent des mots créanciers de l'héritier sans indiquer ce que j'entendais par « héritier. » Il devient indispensable de rechercher le sens à donner à cette expression, d'autant que des auteurs ont cru voir que cette dénomination ne comportait que l'héritier légitime. Cette opinion déclare donc non recevable la demande en séparation formée contre les créanciers d'un héritier testamentaire. Elle distingue entre la succession *ab intestat* et la succession testamentaire, et aussi

entre la succession régulière et la succession
irrégulière.

Les légataires, dit-on, n'étant tenus qu'*intra
vires*, les créanciers de la succession ne peuvent venir sur les biens propres de cet héritier ;
la séparation ne peut dès lors avoir aucune utilité. La séparation crée un privilège, et les privilèges ne doivent pas être étendus au delà des
cas pour lesquels ils ont été spécialement créés.

Ce système a contre lui les textes et l'esprit
de la loi :

L'art. 878 commence ainsi : « Ils peuvent.... »
Or, l'art. 877 a pour but d'indiquer les voies de
poursuite ouvertes aux créanciers contre l'héritier et « l'héritier » est pris dans son sens général, le représentant du défunt, celui que reproduit avec plus de force encore, l'art. 2111 : « à
l'égard des créanciers de l'héritier ou des *représentants du défunt.* » Que sont ces représentants
sinon les héritiers autres que les héritiers légi-
times?

La loi est formelle et ne laisse poindre nulle
part la distinction que l'on a cru trouver entre
la succession légitime et la succession testamentaire. Et pour répondre à l'argument que, les
légataires n'étant tenus qu'*intra vires*, il n'y a
pas à craindre le recours sur les biens de l'héritier, il suffit de dire que la confusion n'en

peut pas moins se produire et faire naître le préjudice dont la séparation met justement les créanciers héréditaires à l'abri.

C'est donc se conformer au texte et à l'esprit de la loi que de reconnaître aux créanciers héréditaires le droit de demander la séparation contre les créanciers de quiconque succède *in universum jus*, qu'il soit héritier légitime ou testamentaire, successeur régulier ou irrégulier.

Une doctrine va même beaucoup plus loin et admet la séparation contre les créanciers d'un cessionnaire de droits successifs, parce que, dit-on, le cessionnaire est le représentant du défunt. Je n'irai pas jusque-là : le cessionnaire n'est qu'un successeur particulier, et si, d'après la convention, il est vis-à-vis du cédant, tenu du paiement des dettes de la succession, les créanciers héréditaires ne peuvent cependant agir contre lui qu'en vertu de l'art. 1166. Le cessionnaire n'est pas le débiteur personnel du créancier héréditaire, comme l'est tout représentant du défunt.

CHAPITRE III

DES BIENS SUR LESQUELS LA SÉPARATION PEUT ÊTRE EXERCÉE

La loi, en accordant la séparation, a voulu reconstituer au profit des créanciers du défunt le gage général que la confusion leur avait fait perdre. Dès lors, tous les biens qui formaient le patrimoine du défunt seront atteints par la séparation.

Les actions que le défunt avait contre l'héritier, et réciproquement, vont revivre. On a essayé cependant de dire que cette créance éteinte par la confusion ne pouvait revivre. Mais c'est justement pour parer à cet inconvénient qu'on accorde aux créanciers héréditaires la séparation des patrimoines. La confusion ne doit pas être considérée comme un mode d'extinction des obligations proprement dit. Il y a une impossibilité matérielle : la même personne ne peut être en même temps créancière et débitrice. Mais que cette impossibilité disparaisse, et la situation antérieure est rétablie! Les actions contre les tiers seront exercées par les créanciers en vertu de l'art. 1166. Les débi-

teurs héréditaires seront de même poursuivis,
et les saisies-arrêts faites en leurs mains seront
pleinement valables.

La séparation frappe donc tous les biens qui
ont appartenu au défunt, et rien que ceux-là.
Mais il est certains cas qui ont soulevé des
controverses, ainsi *quid* pour les fruits civils et
naturels de la succession? Appartiennent-ils à
la succession ou à l'héritier?

Merlin rapporte un arrêt du Parlement de
Paris, en date du 16 février 1694, d'où il résulte
que les fruits produits par les biens héréditaires
depuis le jour du décès vont augmenter le
patrimoine de l'héritier. Grenier soutient encore
cette solution sous l'empire du Code civil et
s'appuie sur ces deux considérations que : 1º les
fruits héréditaires ont été confondus avec les
biens personnels de l'héritier, et 2º que les fruits
ne peuvent appartenir au défunt, puisqu'ils
ont été perçus depuis l'ouverture de la succession.

Ce système ne me paraît pas admissible :
en effet, si les fruits se trouvent confondus avec
les biens personnels de l'héritier, il y a un obstacle matériel et c'est une question de fait.
Mais si les fruits perçus ont conservé leur
nature, leur individualité et qu'on puisse dès
lors les reconnaître, je ne vois pas de raison

pour écarter la séparation. Quant à la deuxième considération, le droit commun suffit pour la faire repousser : le principe est écrit dans la maxime *fructus augent hæreditatem*. Notre droit moderne en a, il est vrai, restreint les applications, mais on ne trouve pas ici les motifs qui avaient déterminé le législateur à ne pas permettre son application dans la pétition d'hérédité. La loi, tenant compte de la bonne foi du possesseur de l'hérédité, a fait une exception en sa faveur; ce possesseur acquiert les fruits. Mais, dans la séparation, la bonne foi de l'héritier n'a que faire et ne peut avoir aucune influence sur un débat qui s'élève entre deux catégories de créanciers et auquel l'héritier reste complètement étranger. Le principe reprend donc son empire et les fruits accroîtront à la succession au profit des créanciers héréditaires.

Ce qui me porte encore à rejeter le système du Parlement de Paris et de Grenier, c'est que la distinction qui est faite entre les fruits perçus avant la demande en séparation et ceux perçus depuis, me paraît tout à fait arbitraire.

La séparation des patrimoines s'applique à tous les biens qui ont appartenu au défunt et qui formaient le gage de ses créanciers, mais son action peut, dans certains cas, aller au-delà.

Ainsi le débiteur a fait une donation, cette donation est révoquée après sa mort par application des art. 953 et suiv., les biens compris dans la donation font retour à la succession. Ces biens seront atteints par la séparation ; car, quoique matériellement absents du patrimoine du défunt à sa mort, ils s'y trouvent néanmoins représentés par l'action en révocation.

De même et dans le même ordre d'idées, si un bien de la succession est vendu, le droit de demander la séparation est perdu quant à ce bien, comme on le verra plus loin, mais si le prix est encore dû par l'acquéreur, l'action du créancier pourra s'exercer sur ce prix : « In judiciis universalibus res succedit in locum pretii et pretium in locum rei. » C'est là un principe dont notre Code fait de fréquentes applications, notamment dans les art. 732, 747, 766, 1066, 1067. Il a été jugé en conséquence, qu'en cas de vente judiciaire sur l'héritier, un légataire de partie de ce prix est fondé à demander la séparation contre les créanciers personnels et hypothécaires de cet héritier, la distraction d'une partie du prix d'adjudication suffisant pour le remplir de son legs.

Mais il faut que le prix soit encore dû à l'héritier lui-même : la séparation ne serait plus admise si le prix ayant été payé une première

6

fois au vendeur, les créanciers de celui-ci pour-
suivaient l'acquéreur pour qu'il payât une
deuxième fois, faute d'avoir rempli les formalités de la purge.

C'est ce qui résulte d'un arrêt du 27 juillet 1813 : « attendu qu'en décidant que le
privilège de la séparation des patrimoines et le
droit d'hypothèque sont des droits distincts et
indépendants l'un de l'autre, et que le droit de
séparation des patrimoines est éteint par le
paiement du prix de vente.... fait aux héritiers
sans dol et sans fraude et en l'absence de toute
réquisition afin de séparer... »

Je déciderai aussi qu'en cas d'échange d'un
bien de la succession, la séparation frappera le
bien reçu en échange.

Quid pour le pacte de rachat ? Le défunt a
vendu, avec la clause de réméré, un de ses
biens. Les créanciers héréditaires pourront
exercer l'action en réméré pour faire rentrer le
bien dans la succession. Il en sera ainsi, lors
même que l'héritier aurait poursuivi le rachat.
Le bien était dans la succession sous une condition suspensive ; il entre donc dans le gage
général des créanciers. Bien entendu, l'héritier
qui aura ainsi fait les avances pourra, pour se
couvrir, user du droit de rétention de l'article
1673.

Quant aux biens qui rentrent dans la masse par l'effet du rapport ou de la réduction, il faut soutenir qu'ils ne seront pas atteints par la séparation. Ils sont irrévocablement sortis du patrimoine du défunt pour toutes autres personnes que celles entre lesquelles s'exerce le rapport ou l'action en réduction (857 et 921). Si les créanciers de l'héritier arrivent aux biens rapportés ou obtenus par l'action en réduction, c'est en leur qualité de créanciers personnels de l'héritier pur et simple, mais en cas de séparation, ils se dépouillent justement de cette qualité. Il faut donc considérer le rapport comme un acte étranger aux créanciers héréditaires et la règle alors est qu'il ne peut ni leur nuire ni leur profiter. Il s'est élevé à ce sujet dans la pratique une difficulté assez grave et qui concerne la combinaison des règles du rapport et de la séparation des patrimoines.

Une succession s'ouvre ; son actif est de 150 ; son passif s'élève à la même somme. Il y a trois enfants dont l'un a reçu entre vifs un immeuble d'une valeur de 30. L'enfant venant à la succession de son père rapporte les 30. Il y a ainsi 180 à partager entre les trois enfants, ce qui donne 60 à chacun. Le bien rapporté tombe dans le lot de Primus. Les créanciers héréditaires demandent la séparation contre les créanciers de Primus. Quelle somme pourront-ils exiger ? M. Delvincourt décide que chacun des cohéritiers sera tenu jusqu'à concurrence de 50, puisque c'est leur part dans l'actif, déduction faite du bien rapporté. Quant à Primus, il ne pourra être poursuivi que jusqu'à concurrence de 30, les 30 autres représentant le bien rapporté. Les créanciers héréditaires perdent ainsi 20, et cependant la succession avait de quoi les désintéresser intégralement. Aussi certains auteurs proposent-ils un autre mode de liquidation. Ils donnent aux créanciers le droit de poursuivre chacun des cohéritiers pour 50, même celui qui a dans son lot l'immeuble rapporté. Si le bien rapporté, disent-ils, ne se trouve pas réparti également entre les trois cohéritiers, l'équivalent du moins s'y trouve. Quant au cohéritier qui a fait le rapport, il en profite aussi, puisque par le rapport, la masse a été augmentée, la masse de chacun plus élevée et ce qu'il a retiré de valeurs successorales plus considérable. En accordant donc aux héritiers le droit de poursuivre chaque héritier pour 50, on respecte la division des dettes et le principe que le rapport doit être *res inter alios acta* à l'égard du créancier.

J'adopterais cette combinaison si elle pouvait

aussi s'appliquer au cas où le rapport se fait en moins prenant. Or cela n'est pas possible, et les auteurs précités modifient leur système dans cette hypothèse : ils reconnaissent alors que les créanciers pourront poursuivre les deux cohéritiers chacun pour 60 et Primus pour 30. Leur raison, c'est que le défunt a laissé autant de biens que de dettes et que les mêmes biens doivent répondre des mêmes dettes. Je serais d'avis quoique la situation ne soit pas tout à fait identique, d'étendre cette solution même au rapport en nature : la raison de décider est la même et les complications sont moindres, car toute distinction entre le rapport en nature et le rapport en moins prenant disparaît. Si on m'objectait que je ne tiens pas compte du principe de la division des dettes, je répondrais que je ne dois pas non plus oublier la règle que le rapport est *res inter alios acta.*

A l'égard des créanciers, les cohéritiers seront tenus jusqu'à concurrence de ce qu'ils prennent dans la succession, déduction faite du bien rapporté. Entre eux, ils seront tenus jusqu'à concurrence de leur part effective, et comme deux d'entre eux ont payé plus qu'ils ne devaient, ils auront contre leur cohéritier un recours qui sera garanti par le privilège de l'art. 2103, § 3.

CHAPITRE IV

DE LA PROCÉDURE DE LA SÉPARATION
DES PATRIMOINES

§ 1. — *Du cas où la succession est pure et simple.*

Pour être admis à bénéficier de la séparation, il faut nécessairement l'invoquer. Ce privilège, en effet, n'est pas un résultat naturel, nécessaire de la situation des parties. Mais c'est là un point qui fait, tant en doctrine qu'en jurisprudence, l'objet de vives discussions. Dans quelles formes les créanciers héréditaires feront-ils prévaloir leur bénéfice?

Avant d'étudier la difficulté même, disons quelles en sont les sources et l'origine. A mon sens, l'art. 878, en supposant une demande, une action en justice, a fait naître toute la controverse. Comme, en effet, ni le Code civil ni le Code de procédure n'ont tracé la marche de cette instruction, on s'est ingénié à la constituer dans ses éléments essentiels.

Les uns ont prétendu que la demande en séparation devait être formée contre l'héritier même, comme représentant de ses créanciers personnels (1). Les autres ont exigé une action, introduite au nom du créancier héréditaire, contre tous les créanciers personnels de l'héritier (2). Une troisième opinion distingue : les créanciers personnels sont-ils connus? la demande doit se former contre eux ; ces créanciers restent-ils ignorés? le créancier de la succession peut attaquer l'héritier en personne (3).

Ces trois systèmes différents — triple forme de la même idée — nous paraissent reposer sur des arguties. L'art. 878 doit trouver son explication vraie et naturelle dans l'histoire, non dans des arguments de mots. Si les rédacteurs du Code ont parlé de demande en séparation, c'est qu'ils ont voulu se conformer aux habitudes de langage de la pratique ancienne. Sous l'ancienne jurisprudence on ne disait pas : se prévaloir du bénéfice de séparation, mais bien : demander la séparation des patrimoines. Lebrun, cependant, déclare qu'à cette époque déjà on ne formait plus aucune demande en séparation, qu'on ne suivait plus aucune procédure spéciale. Dès lors, faire résulter des mots demande en séparation, qui se trouvent en l'ar-

(1) Delvincourt, t. II, p. 56; Rolland de Villargues, *Sép. des patrimoines*, Ducaurroy, Bonnier, Roustaing, t. II, p. 762 ; Poujol, 878, n° 13 et suiv.

(2) Aubry et Rau, p. 212-3, tom. V ; Duranton, t. VII, p. 488.

(3) Dufresne, 878, n° 6 et 35.

ticle 878, la nécessité d'une action judiciaire, n'est-ce pas se placer à côté de la vérité? Et comment admettre sérieusement que, si une procédure spéciale existait en notre matière, il ne s'en trouvât aucune trace, aucun indice dans nos Codes?

Après cet argument, qui peut s'appliquer indistinctement aux trois systèmes que nous combattons, quelques raisons particulières portant sur chacun d'eux isolément me paraissent nécessaires.

L'opinion qui exige du créancier une demande en séparation contre l'héritier, viole en même temps le texte et l'esprit de la loi. Le texte d'abord, car si l'art. 878 suppose une action, il la suppose, au moins, dirigée contre les créanciers personnels de l'héritier, spécialement mis en cause. L'esprit de la loi, ensuite; car, si l'héritier débiteur représente, en principe, ses créanciers personnels, cela n'est exact que pour les questions qui l'intéressent lui-même directement, et ses créanciers indirectement, non pour les questions de préférence qui, indifférentes au débiteur, n'atteignent, en dernière analyse, que les créanciers.

Est-ce à dire que j'adopte le second système qui exige la mise en cause, par le créancier héréditaire, de chaque créancier personnel

de l'héritier? Non : cette nouvelle opinion me
paraît, au point de vue pratique, doublement
impossible. Avant tout, en effet, comment
connaître tous les créanciers personnels de
l'héritier? N'est-ce pas imposer au créancier
héréditaire l'obligation de poursuites, d'inves-
tigations souvent infructueuses? Et, en supposant que ce créancier arrive, sans s'être laissé
décourager, après mille recherches ennuyeuses
et difficiles, au dénombrement des créanciers
personnels, quelles dépenses à faire? Les créanciers de l'héritier peuvent former comme une
armée, et il devra à chacun d'eux faire une noti-
fication? Mais la protection de la loi ne sera
plus qu'un leurre dérisoire.

Quant à la troisième opinion, elle repose sur
une distinction, en fait, irréalisable. Sur quels
éléments d'appréciation, en effet, faut-il se
baser pour dire que les créanciers sont connus
ou ignorés? Au reste, en réfutant le premier
et le second système, j'ai par là même rejeté
le troisième : ce dernier, en somme, n'étant,
suivant les cas, que la reproduction de l'un ou
de l'autre.

Nous arrivons ainsi à la théorie patronnée
par M. Demolombe ; elle m'a satisfait. Cet auteur distingue entre la conservation et la réalisation du bénéfice de la séparation ; les mesures

de conservation seraient, pour ainsi dire, des mesures unilatérales, n'impliquant aucune lutte, aucun conflit ; les mesures de réalisation seraient contradictoires et mettraient en présence, d'une part, les créanciers héréditaires, d'autre part, les créanciers personnels de l'héritier. Les premières varient suivant qu'on se trouve en présence d'une succession mobilière ou d'une succession immobilière.

Supposons une succession mobilière. La loi ici n'indique aucune forme spéciale de conservation. Il est clair, cependant, que les créanciers héréditaires doivent pouvoir employer des mesures conservatoires, ils ont un double intérêt : empêcher l'héritier de disposer du mobilier héréditaire, éviter la prescription triennale. Ces mesures, du reste, varieront suivant les circonstances particulières de chaque espèce. Il y a là une question de fait — et c'est ce qui explique le silence du Code sur ce point — que les tribunaux apprécieront en toute souveraineté. Qu'il nous suffise de dire que l'idée générale à laquelle devront se réduire tous les actes de conservation est celle-ci : mise en réserve du patrimoine héréditaire et séparation complète de ce patrimoine du patrimoine de l'héritier. Ainsi on pourra valablement requérir l'apposition des scellés ou y former opposition ; on pourra demander la confection d'un inventaire ou y intervenir ; on pourra, s'il s'agit de créances sur des tiers, former une saisie-arrêt entre les mains du débiteur. Les créanciers à terme ou sous condition ne pourraient pas, cependant, pratiquer ces saisies mobilières ; en revanche ils s'adresseront au tribunal pour faire garantir leurs droits par d'autres mesures laissées à son appréciation.

Supposons une succession immobilière. La loi s'est ici expliquée avec netteté. Les créanciers doivent, pour conserver leur privilège, prendre inscription sur chacun des immeubles, dans les six mois à compter de l'ouverture de la succession. L'art. 2111 finit en déclarant que « avant l'expiration de ce délai, aucune hypothèque ne peut être établie avec effet sur les biens héréditaires par les héritiers, au préjudice des créanciers du défunt. » Comme on le voit, les formes de conservation sont, dans ce cas, des plus simples, l'inscription se prend au bureau des hypothèques dans le ressort duquel se trouvent les immeubles de la succession, objet de la poursuite. Requise dans ce délai, elle procure au créancier héréditaire le droit de préférence sur les inscriptions prises antérieurement par les créanciers de l'héritier. Requise après les six mois, elle ne prive pas le créancier héréditaire de tous ses droits, mais le privilège dégénère en une simple hypothèque qui ne date, à l'égard des tiers, que du jour de l'inscription; le bénéfice de la rétroactivité est perdu (art. 2113).

Ces procédés de conservation indiqués, il nous reste à voir de quelle manière, en fait, s'exerce le bénéfice de la séparation, comment les parties intéressées arrivent à sa réalisation effective.

En tant qu'il frappe les meubles, le bénéfice de la séparation des patrimoines se réalise, au moyen de la production, dans la distribution par contribution du prix des objets mobiliers; — en tant qu'il porte sur les immeubles, il s'exerce, comme les privilèges, au cours d'un ordre. Inutile d'intenter une action tendant à la reconnaissar .e et à la constatation judiciaire de ce privilège; il suffit de se prévaloir de la séparation, en demandant sa part dans la répartition de l'actif du débiteur, sauf à plaider, bien entendu, en cas de contestation.

Plusieurs auteurs, cependant, mettant en contradiction les art. 880 et 2111, sont allés jusqu'à décider que la demande en séparation ne pouvait plus se produire après les six mois (1).

(1) Merlin, Rép., *Sép. des pat.*; — Toullier, IV, 544; — Grenier, *Hypot.*, t. II, 4°2.

Cette doctrine, aujourd'hui abandonnée, était inexacte à un double point de vue : d'abord, comme je crois l'avoir démontré, aucune demande n'est exigée pour l'obtention du privilège ; ensuite, à supposer même la nécessité d'une semblable demande, l'art. 2111, loin de déroger aux articles du titre « des Successions, » s'y réfère en termes formels. L'art. 2111 veut qu'une inscription soit prise avant les six mois ; l'art. 880 veut que la demande de séparation soit faite avant que l'héritier n'ait aliéné les immeubles héréditaires : ce sont là deux conditions parfaitement distinctes, facilement applicables toutes deux.

Telles sont, à mon estime, les formes à suivre, en notre matière.

§ II. — *Du cas où la succession est bénéficiaire.*

Nous avons à étudier ici quelques dérogations aux règles précédemment exposées.

Dans le conflit des deux bénéfices d'inventaire et de séparation, la première question qui se présente est celle de savoir lequel des deux devra absorber l'autre, ou s'ils pourront exister concurremment.

Sous l'ancienne jurisprudence, quelques praticiens déjà prétendaient que le bénéfice de

la séparation avait été aboli par la constitution
de Justinien, qui établissait le bénéfice d'inventaire. Ils faisaient ce dilemme : ou la succession
a été acceptée purement et simplement : dès
lors la confusion existe et la séparation devient
impossible ; ou la succession a été acceptée sous
bénéfice d'inventaire ; dès lors, les patrimoines
sont séparés et l'édit sur la séparation des patrimoines reste inutile. — Fabre traitait le raisonnement d'*error in quo manifestissime nimis
stolida juris ignoratio :* s'il y a acceptation
bénéficiaire, disait le savant président, la séparation qui s'opère ne peut profiter aux créanciers héréditaires, puisqu'elle a été établie
contre eux ; ils ont donc intérêt à user du bénéfice de la séparation ; s'il y a acceptation pure
et simple, « confusio patrimoniorum non im-
pedit quominus edictum de separationibus
locum habere debeat : quin potius confusio-
nem illam fieri necesse est, ut separationis
locus esse possit. » Sur ce dernier point, Fabre
avait incontestablement raison ; mais, dans sa
thèse relative à l'acceptation bénéficiaire, il se
vit énergiquement combattu par certains jurisconsultes.

La controverse n'a rien perdu de sa chaleur.
Une jurisprudence constante, cependant, décide
aujourd'hui que l'acceptation bénéficiaire em-

porte, de plein droit, séparation des patrimoines et dispense les créanciers héréditaires de prendre inscription. Cette double proposition nous paraît fondée tant que dure le régime bénéficiaire. Lorsqu'en effet les créanciers de la succession invoquent le bénéfice de séparation, ils ne cherchent qu'à éviter les suites de la confusion légale, nous voulons dire le concours des créanciers personnels sur le patrimoine héréditaire. Or l'acceptation bénéficiaire atteint *hic et nunc* le même but : comme la demande en séparation, elle maintient intact le patrimoine héréditaire; comme elle, elle évite la confusion légale. La séparation des patrimoines existant et en fait et en droit, quelle utilité, dès lors, d'intenter, conformément à l'art. 878, une demande en séparation? La nécessité d'une inscription ne se comprend pas davantage. Pour saisir cette proposition, il faut savoir que l'inscription, exigée par l'art. 2111, n'a qu'un but restreint. Les créanciers chirographaires de l'héritier ne peuvent jamais se prévaloir du défaut de cette formalité. En effet, de deux choses l'une : ou les immeubles héréditaires n'ont pas encore été aliénés, et alors il dépend des créanciers de la succession de se mettre en règle, suivant l'art. 2113, et de faire tomber la fin de non-recevoir qui leur est opposée; ou ces biens ont été aliénés, et, dans ce cas, le prix étant chose mobilière, la séparation n'est plus soumise à la formalité de l'inscription. Cette observation faite, l'inutilité d'une inscription, au cas d'acceptation bénéficiaire, va ressortir à l'instant. Nous supposons que le régime bénéficiaire dure toujours. L'héritier, par conséquent, ne peut consentir aucune hypothèque sur les biens héréditaires ; autrement il perdrait sa qualité de bénéficiaire. L'héritier ne pouvant hypothéquer et la formalité de l'inscription n'étant exigée que dans l'intérêt des créanciers hypothécaires, la conclusion paraît évidente : toute inscription est inutile.

Mais la jurisprudence va plus loin : tous les jours, elle décide que la séparation des patrimoines continue de subsister, même après que l'héritier a encouru la déchéance du bénéfice d'inventaire. En pratique la question est indiscutable (1); au point de vue doctrinal, la solution me paraît peu satisfaisante. La confusion légale reparaissant à l'instant où disparaît le régime bénéficiaire, le créancier héréditaire qui prétend, à cette époque, à un droit de préférence sur les biens de la succession, doit invoquer le bénéfice de séparation, or, une inscrip-

(1) Paris, 4 mai 1835; Nîmes, 21 janvier 1852; — Cass., 18 juin 1833, 10 déc. 1839, 29 juin 1853.

tion prise conformément à l'art. 2111, peut seule assurer complètement cette faveur sur les créanciers hypothécaires de l'héritier.

La théorie de la jurisprudence repose, en résumé, sur cette double base : 1° l'acceptation bénéficiaire confère aux créanciers héréditaires, sur le patrimoine de la succession, un droit exclusif que l'héritier ne saurait, à son gré, annihiler ; 2° l'acceptation bénéficiaire ne dispense pas seulement les créanciers héréditaires de s'inscrire : elle rend nulle toute inscription qui serait prise en leur nom (art. 2146, Cod. civ.).

Ces principes sont bien fragiles. Sans doute, le régime bénéficiaire entraîne avec lui la séparation des patrimoines ; mais remarquons-le bien, cette séparation, loin d'être établie en faveur des créanciers héréditaires comme le bénéfice de l'art. 878, se trouve imaginée contre eux, au profit de l'héritier. Ils peuvent, il est vrai, profiter de ce régime pour se faire payer par préférence sur les biens du défunt ; mais ce n'est là qu'une conséquence indirecte de l'acceptation bénéficiaire, puisqu'elle se déduit du refus, par l'héritier, de représenter le *de cujus* à l'égard des créanciers de la succession. En un mot, ces créanciers ne retirent de la séparation qu'implique le régime bénéficiaire aucun droit personnel , aucun droit direct : le droit auquel ils prétendent dérive de la seule qualité d'héritier. Maintenant concluons : si le bénéfice d'inventaire s'évanouit, la séparation des patrimoines, qu'il avait produite, doit disparaître ; si l'héritier abdique sa qualité, le droit des créanciers qui en était né doit s'éteindre, *cessante causa cessat effectus*. Toute la question, en définitive, se réduit donc à savoir si l'héritier peut renoncer au régime bénéficiaire. Or, la jurisprudence ne peut nous dénier deux points : que le bénéfice d'inventaire a été exclusivement établi en faveur de l'héritier, et que chacun reste maître de renoncer à un droit établi à son profit. Mais alors sur quel texte, sur quelle raison cette jurisprudence va-t-elle s'appuyer, pour refuser à l'héritier une faculté qui est de droit commun ?

La Cour suprême objecte que la déchéance du bénéfice d'inventaire est une peine qui ne peut frapper que le coupable, l'héritier ; qu'elle ne doit pas priver les créanciers héréditaires du droit de considérer ce dernier toujours comme bénéficiaire, s'ils n'aiment mieux le traiter en héritier pur et simple. Cette objection n'est fondée qu'en partie. Toute peine suppose un fait illicite : le fait illicite existera sans doute, si l'héritier recèle des objets dépendant de la succession, mais existera-t-elle donc aussi, si l'héritier, agissant comme propriétaire, hypothèque, vend les biens héréditaires sans se conformer aux prescriptions des art. 988-989, Code de procédure ? Non. Ces actes sont parfaitement valables, même pour la Cour suprême. L'héritier, en hypothéquant, en aliénant les biens de la succession, cesse, il est vrai, d'être bénéficiaire; mais il n'encourt aucune peine, ce n'est pas même, au fond, une déchéance; c'est une simple renonciation tacite que la loi présume. Eh bien, si ces actes sont valables, comment peut-on soutenir que l'héritier n'a pas le droit de renoncer au bénéfice d'inventaire au préjudice des créanciers héréditaires ? Comment peut-on admettre que l'acceptation bénéficiaire confère aux créanciers de la succession un droit dès maintenant acquis, un droit que l'héritier ne saurait anéantir ? Mais ce droit, il sera détruit, annihilé avec une simple aliénation, une simple hypothèque consentie par l'héritier, nous voulons dire au bon plaisir, au caprice de l'héritier. Cet héritier, par suite de cette disposition totale ou partielle, ne va-t-il pas être réputé — c'est la loi qui parle — héritier pur et simple sans distinction, à l'égard de tous, à l'égard de ses créanciers personnels comme à l'égard des créanciers héréditaires ? (Art. 988-989, C. de procéd.)

L'argument que la jurisprudence tire de l'ar-

ticle 2146 C. civ., n'est pas plus concluant : il
n'est que le produit d'une confusion manifeste.
L'inscription, dit la Cour de cassation, ne peut
ètre prise en vertu de l'art. 2111, puisque l'article 2146 déclare non avenue toute inscription
que l'on ferait porter sur les biens d'une succession bénéficiaire. Ce n'est là qu'un raisonnement spécieux. L'art. 2146 annihile bien les
conséquences et effets des hypothèques prises,
depuis l'ouverture de la succession, par l'un des
créanciers héréditaires; mais il ne faut pas
confondre, elle ne les annihile qu'à l'égard des
autres créanciers héréditaires ; ils restent, au
contraire, pleins et entiers à l'encontre des
créanciers de l'héritier. Or — le point est indiscutable — l'inscription de l'art. 2111 n'a précisément d'effet que vis-à-vis de ces derniers. La
conclusion me paraît évidente contre la jurisprudence.

Que si on objecte, en fin de compte, le péril
que peut faire courir notre système aux créanciers héréditaires — car rien ne les avertissant
de l'acceptation pure et simple venue après coup,
ils pourront se laisser forclore sans inscrire —
nous répétons qu'ils conservent toujours le
droit de prendre, dès l'ouverture de la succession, l'inscription de l'art. 2111 et toutes autres
mesures conservatoires. Certains auteurs ont

même soutenu que, dans cette hypothèse, le délai pour inscrire ne devait courir que du jour où la cessation du régime bénéficiaire avait pu être connue des créanciers héréditaires; mais la règle de l'art. 2111 me semble trop absolue pour accepter cette réponse à une objection que je crois déjà avoir réfutée.

Supposons, pour terminer, que la succession soit dévolue à plusieurs héritiers et que les uns acceptent purement et simplement, les autres bénéficiairement. Quelle solution devons-nous donner? La jurisprudence admet que l'acceptation bénéficiaire par un seul héritier opère de plein droit la séparation des patrimoines à l'égard de tous les autres, qu'en conséquence les créanciers des héritiers purs et simples ne peuvent concourir sur les biens héréditaires avec les créanciers du défunt, lors même que la séparation des patrimoines n'aurait pas été invoquée et l'inscription prise conformément à l'art. 2111.

Cette solution contient une confusion du droit et du fait. La Cour suprême prétend que « l'inventaire qui porte nécessairement sur l'intégralité de la succession donne aux créanciers du défunt le droit de se reposer sur les effets de cet inventaire. » Sans doute, l'inventaire fait conformément à l'art. 794, C. civ., prévient l'effet de la mixtion matérielle; mais la mixtion légale des parts revenant aux héritiers purs et simples ne subsiste-t-elle donc pas ? La circonstance que l'un des successibles a accepté bénéficiairement et que l'indivision dure encore est absolument indifférente : l'indivision, état de fait, porte sur les biens, non sur l'*ipsum jus*. La mixtion légale ne peut disparaître que devant la séparation des patrimoines.

§ 3. — *Du cas où la succession est vacante.*

La séparation des patrimoines ici se produit encore de plein droit. Si donc l'état des choses, qui résulte de la vacance, devait subsister toujours, les créanciers héréditaires n'auraient aucun intérêt à se faire inscrire ; car l'héritier, restant inconnu, ils seraient payés sur le patrimoine du défunt, sans avoir à craindre le concours des créanciers personnels. Mais comme l'héritier peut, en se présentant, faire cesser la vacance — et, dans ce cas, l'acceptation, en vertu de l'art. 777 C. civ., remonterait au jour de l'ouverture de la succession — les créanciers héréditaires, s'ils sont prudents, ne manqueront pas de prendre inscription dans les délais exprimés dans l'art. 2111.

§ 4. — *Du cas où l'héritier est tombé en faillite.*

Les créanciers du défunt, si l'héritier tombe en faillite, peuvent-ils, en s'inscrivant, conserver leur privilège de l'art. 2111?

Délimitons la question. Si l'héritier se trouvait déjà en faillite déclarée lors de l'ouverture de la succession, il ne peut s'élever aucune difficulté : il est évident que les créanciers héréditaires ont le droit d'invoquer la séparation des patrimoines. Tous les privilèges, en effet, qui se basent sur les transmissions subsistent, dans ce cas, nécessairement avec leurs effets pleins et entiers, par la raison toute simple que s'il n'en était pas ainsi, la masse de la faillite s'enrichirait aux dépens d'autrui, sans que cependant il fût possible de reprocher quelque négligence aux titulaires de ces privilèges : on ne saurait assurément leur faire une faute de ne pas s'être inscrits avant la naissance de leurs droits.

La question ne se pose réellement que dans l'hypothèse où les biens héréditaires ayant passé entre les mains de l'héritier, la faillite vient postérieurement à se déclarer.

Sur ce point, certains auteurs ont présenté une distinction qui nous semble peu juridique. Les créanciers du failli primeront les créanciers

héréditaires si l'inscription n'a pas été réguliè-
rement prise, ils seront primés si l'inscription a
été prise dans les six mois. Lisons l'art. 448, C.
de comm. : « Les droits d'hypothèque et de privilège valablement acquis pourront être inscrits
jusqu'au jour du jugement déclaratif de faillite.»
Comment concilier cette disposition avec la
distinction qu'on propose? L'article ne prohibe-
t-il pas « toute prise d'inscription » après le
jugement déclaratif de faillite? Les créanciers
héréditaires qui, après avoir laissé rendre le jugement, prennent inscription dans les six mois
de l'ouverture de la succession, ne s'inscrivent
pas moins après ce jugement : ils doivent être
primés comme s'ils avaient laissé passer les délais de l'art. 2111.

On objecte, il est vrai, que dans l'art. 448, il
s'agit, non de créanciers héréditaires s'inscrivant sur les immeubles de la succession, mais
de créanciers personnels du failli qui ont acquis
de ce failli des droits hypothécaires ou privilégiés. Le système suivi par le Code en matière de
séparation rend cette objection peu sérieuse : la
séparation des patrimoines n'étant plus, comme
dans la législation romaine, effective, matérielle, les créanciers héréditaires sont devenus
et restent créanciers de l'héritier; les immeubles
de la succession, biens du successible.

Ma solution, je le sais, pourra paraître très rigoureuse; mais l'équité ne doit point supprimer la loi : *dura lex, sed lex*. C'est ce motif, du reste, qui, lors de la révision du système hypothécaire, avait dicté le rapport de divers cours d'appel, qui demandaient la modification de l'art. 448 du Code de commerce.

CHAPITRE V

DE LA NATURE ET DES EFFETS DE LA SÉPARATION DES PATRIMOINES

La grande erreur de la plupart des auteurs qui ont traité de la séparation, est, à mon avis, d'avoir voulu expliquer les articles du Code en faisant abstraction des législations qui l'ont précédé. Ce ne sont pas, en effet, les quelques textes obscurs et ambigus que l'on trouve au titre des Successions et des Hypothèques, qui peuvent suffire pour régler cette matière et résoudre les difficultés qui s'y rattachent. Quand il s'agit d'emprunts faits au droit antérieur, il faut remonter aux sources, et le système de la loi actuelle ne saurait être isolément apprécié (1). Avant d'en venir au système du Code

(1) Cabantous, *Esquisse d'une théorie sur la séparation*, *Revue de législation*, t. 4.

je crois utile de rappeler en quelques mots les principes autrefois en vigueur.

Rien de plus simple et de plus logique que la théorie romaine. Par l'effet de l'adition, l'héritier est devenu le continuateur de la personne juridique du défunt. Les biens de la succession légalement confondus avec les siens répondent à la fois de ses dettes personnelles et de celles qui ont été contractées par le défunt. Le décret du préteur rescinde l'adition et fait revivre le *de cujus*, il crée deux patrimoines, deux débiteurs, deux classes de créanciers. Aux créanciers de l'héritier appartiendra le patrimoine de l'héritier, aux créanciers du défunt appartiendra le patrimoine du défunt. Ceux-ci repoussent la personne de l'héritier, ils le considèrent comme n'ayant jamais été leur débiteur, et renoncent, en invoquant la séparation, à tous les droits qu'ils avaient sur ses biens. Papinien seul recule devant une conséquence qui lui semble trop rigoureuse, et admet les créanciers du défunt qui n'auront pas reçu le paiement intégral de leurs créances à revenir contre l'héritier, mais seulement après le complet désintéressement de ses créanciers personnels.

Sous notre ancienne jurisprudence, une doctrine nouvelle apparaît. Désireux de justifier en droit l'opinion équitable du Papinien, Pothier, Lebrun, Domat combinent le principe de la saisine avec la fiction qui fait revivre le défunt. Ils séparent les créanciers de la succession d'avec les créanciers de l'héritier, sans les séparer de l'héritier lui-même, et créent une sorte de théorie mixte qui se résume en un droit de préférence : droit de préférence des créanciers du défunt sur les biens de la succession, droit de préférence des créanciers de l'héritier sur les biens de l'héritier. Du reste, celui-ci dispose librement des deux patrimoines, et les tiers acquéreurs sont à l'abri de toute atteinte, car la séparation n'est pas un privilège, et le droit de préférence n'entraîne pas comme conséquence le droit de suite.

Ainsi à Rome et dans notre ancienne jurisprudence, les principes sont nettement posés aucun doute ne peut s'élever sur la nature de la séparation à ces différentes époques, la question de procédure seule reste peut-être incertaine.

Sous l'empire du Code il en est tout autrement. Les rédacteurs ont malheureusement oublié au titre des Successions de déterminer les effets de la séparation et d'indiquer d'une manière précise le système qu'ils entendaient adopter. Par une circonstance plus malheureuse encore, l'art. 2111 a passé, pour ainsi dire, inaperçu. Cet article qualifie la séparation des patrimoines de privilège; mais cette dénomination est-elle exacte?

Le législateur a-t-il rompu avec les principes qu'ils avait embrassés au titre des Successions pour créer une théorie nouvelle? Faut-il, au contraire, ne voir dans l'art. 2111 qu'une simple innovation inspirée par le désir de mettre la séparation des patrimoines en harmonie avec le système de publicité consacré par la loi de brumaire an VII? Au titre même des Successions la séparation des patrimoines existe-t-elle avec les caractères qu'elle avait dans notre ancienne législation? Sur tous ces points un vaste champ est ouvert à la controverse, car les textes du Code se prêtent à des interprétations variées, et les éléments de solution les plus ordinaires et en même temps les plus puissants font ici complètement défaut. Les procès-verbaux des discussions au Conseil d'Etat, au Tribunat et au Corps législatif sont, en effet, restés muets sur notre matière, et les art. 878 et 2111 ont été proposés, votés, promulgués sans explication, sans commentaire, sans qu'un mot soit venu révéler la pensée du législateur et le but qu'il se proposait. De là cette multitude de systèmes qui se croisent et se heurtent, de là cette variété dans les décisions judiciaires, de là enfin ces théories confuses qu'il est souvent difficile d'analyser, et qui contribuent à faire de la séparation des patrimoines, l'une des matières les plus délicates du Code Napoléon.

Toutefois, dans le conflit des doctrines si diverses qui partagent aujourd'hui les auteurs et la jurisprudence, on peut distinguer quatre systèmes principaux que je vais successivement exposer.

Premier système. — Il n'a pas trouvé d'écho chez les auteurs, mais il est enseigné, et compte dans les écoles plusieurs adhérents. C'est la séparation complète et radicale, telle que la comprenaient Paul et Ulpien. Les créanciers du défunt repoussent la personne de l'héritier, refusent de le reconnaître comme leur débiteur, et renoncent par cela même à l'atteindre dans ses biens. L'intention des rédacteurs, dit-on, ne saurait être douteuse, car l'art. 879 porte textuellement que la demande en séparation ne peut plus être exercée quand il y a eu novation dans la créance par l'acceptation de l'héritier pour débiteur. Or, s'il en est ainsi, c'est qu'évidemment les effets de la saisine sont anéantis par rappor aux créanciers de la succession, c'est que l'obligation personnelle de l'héritier est éteinte, c'est que tous les liens de droit qui les

unissaient sont rompus. Tous les autres systèmes sont inadmissibles, car ils ont pour fon-
dement ces deux idées manifestement contradictoires, que l'héritier demeure le débiteur des
créanciers du défunt, et que cependant il leur
est interdit de le reconnaître pour tel et de le
poursuivre sur ses biens, sous peine d'être
déchus du droit de demander la séparation.

Comme on le voit, ce système repose tout
entier sur l'interprétation littérale des termes
de l'art. 879 ; il remonte aux sources mêmes du
droit, et s'appuie sur l'autorité du nom des jurisconsultes romains. Je ne puis cependant l'a-
dopter.

Tout le monde, en effet, reconnaît que l'article 879 est la copie textuelle d'un paragraphe
de Pothier ; or, Pothier et tous nos anciens
jurisconsultes proclamaient hautement que la
séparation des patrimoines n'est pas capable
d'effacer l'adition et de dégager l'héritier des
obligations qu'il a contractées par son acceptation. Dès lors on peut bien voir dans l'art. 879
une erreur législative, on peut bien reprocher
aux rédacteurs du Code d'avoir maladroitement
reproduit une idée que Pothier lui-même aurait
dû écarter comme incompatible avec sa théorie ;
mais l'argument qui sert de base à la doctrine
que je combats n'en est pas moins détruit, car

on ne saurait trouver la preuve de l'abandon d'un système dans un article dont tous les termes ont été empruntés au partisan le plus avoué de ce même système.

En outre, cette séparation absolue suppose tout un ensemble de mesures que nous ne rencontrons pas dans le Code. Comment, en effet, laisser à l'héritier l'administration et la libre disposition des biens de la succession, quand les héritiers du défunt ont repoussé sa personne et refusé de le considérer comme le représentant de leur ancien débiteur? Si la demande en séparation est dirigée contre lui aussi bien que contre ses créanciers, c'est qu'il est suspect. Il devient alors indispensable de confier à d'autres mains les biens héréditaires. Ce système entraîne donc avec lui un régime d'administration comptable semblable à celui qui résulte du bénéfice d'inventaire, quelque chose d'analogue à la gestion du *magister* romain, ou du syndic de notre droit commercial, enfin des mesures de surveillance. Or ces mesures ne sont organisées nulle part (1).

Deuxième système. — Il faut dans l'organisation de la séparation par les rédacteurs du Code distinguer deux époques. Au titre des Successions décrété le 29 germinal an XI, la théorie

(1) Blondeau, *De la Séparat.*, p. 477 et 478.

de Pothier a été conservée ; mais au titre des Privilèges et des Hypothèques décrété le 28 ventôse an XI, dans l'art. 2111, un grand progrès s'est accompli, la séparation des patrimoines est devenue un privilège. Cette transformation n'a été du reste ni aussi soudaine, ni aussi imprévue qu'on pourrait le croire. C'est le résultat naturel de la marche du temps et du progrès des institutions. Les rédacteurs du Code, en effet, trouvaient un précédent dans la jurisprudence du Parlement de Normandie qui déclarait les créanciers du défunt hypothécaires à compter du jour du décès. La doctrine de Pothier lui-même n'avait-elle pas quelque rapport avec le privilège? Sous l'action du principe de la saisine, la séparation des patrimoines du droit romain avait dégénéré en un droit de préférence de créanciers à créanciers. De là au privilège il n'y avait qu'un pas (1). Aussi, quand l'attention des rédacteurs du Code a été appelée sur nos institutions par l'art. 14 de la loi de brumaire, sont-ils entrés résolûment dans cette voie nouvelle. La preuve de cette résolution se trouve dans la qualification de privilège qui est formellement appliquée au bénéfice de la séparation. Elle résulte encore de la place occupée par l'art. 2111 sous la rubrique

(1) Hureaux, *Revue étrangère*, t. 3, p. 508.

« Comment se conservent les privilèges ? » car
on ne saurait supposer qu'en un chapitre consacré tout spécialement à l'examen des privilèges, les rédacteurs aient pu régler et appeler
de ce nom une garantie qui n'en serait pas un.
Cette preuve résulte également de l'art. 2113
qui décide qu'à défaut d'une inscription prise
dans les six mois à compter de l'ouverture de
la succession, le droit établi dans l'art. 2111 se
change en hypothèque. C'est bien montrer que
la séparation constitue un privilège quand les
inscriptions ont été prises dans les six mois;
autrement, il faudrait dire qu'à certains points
de vue, les créanciers du défunt ont tout intérêt
à se montrer négligents, et qu'un droit dégénéré peut être plus étendu que lorsqu'il existe
dans son intégrité.

Ce système, ajoute-t-on, a d'ailleurs de grands
avantages : à des théories vagues et incertaines,
il substitue la théorie la plus simple, la plus
ingénieuse, celle qui garantit le mieux les intérêts des créanciers. Lui seul, en effet, les met
à l'abri des dilapidations de l'héritier, lui seul les
protège efficacement contre les ventes à vil prix,
contre les aliénations à titre gratuit au moyen
desquelles l'héritier pouvait les ruiner et rendre illusoire le bénéfice de la séparation. En
outre il fait disparaître l'anomalie choquante

8

de l'art. 1017, car cet article est abrogé, ou plutôt il se fond dans les art. 2111 et 2113, on ne voit plus le bizarre contraste de légataires recevant du législateur une hypothèque avec le droit de suivre l'immeuble héréditaire dans les mains d'un tiers acquéreur, et le droit de s'adresser à chacun des héritiers pour le tout, tandis que les créanciers du défunt, dont la condition doit cependant être préférable, puisqu'ils combattent *de damno vitando*, ne pourraient opposer qu'un droit de préférence dénué de sanction, et mesuré sur la part proportionnelle de chaque héritier dans les dettes de la succession.

Quant aux conséquences principales qui résultent de cette transformation remarquable, il est aisé de les déduire.

La séparation est un privilège, donc :

1° Les créanciers du défunt et les légataires se font payer sur les biens de la succession par préférence aux créanciers de l'héritier, et viennent en concours avec eux sur ses biens propres.

2° Quand ils ont pris inscription sur les immeubles de la succession avant leur aliénation, ils ont le droit de les suivre entre les mains des tiers acquéreurs.

3° Il faut même reconnaître que pendant les six mois qui suivent l'ouverture de la succession, l'héritier est incapable d'aliéner ces immeubles à leur préjudice.

4° Les créanciers du défunt qui ont pris inscription dans les six mois priment ceux qui n'ont songé à s'inscrire qu'après ce délai, car les premiers ont conservé leur privilège, tandis que celui des seconds a dégénéré en une simple hypothèque (art. 2113); or, le privilège l'emporte sur l'hypothèque.

5° La séparation des patrimoines donne aux créanciers et aux légataires du défunt le droit d'agir pour le tout contre l'un ou l'autre des héritiers.

Ce système est celui de M. Blondeau; et M. Hureaux l'a défendu avec énergie dans un article publié par la *Revue étrangère* (1).

Troisième système. — Les partisans de ce système reconnaissent que la séparation des patrimoines n'est pas un privilège, qu'elle ne donne pas aux créanciers du défunt un droit de suite, qu'elle ne change rien à leurs rapports, soit entre eux, soit avec les légataires, et que le principe de la divisibilité des dettes a été respecté. Mais, comme MM. Blondeau et Hureaux, ils veulent que les créanciers du défunt, après avoir exercé un droit de préférence sur les biens

_____

(1) Blondeau. — Hureaux. — M. Blondeau rejette cependant l'indivisibilité du droit de séparation.

de la succession, puissent, si ces biens sont insuffisants pour les payer intégralement, concourir encore au marc le franc avec ses créanciers chirographaires sur ceux de l'héritier. Cette doctrine, qui s'écarte à la fois du système embrassé par les jurisconsultes romains et de la théorie de Pothier, n'a pour elle ni l'autorité historique, ni l'argument si puissant que le second système puise dans l'art. 2111. Il faut pour la défendre faire abstraction complète des législations antérieures au Code, et ne voir dans les art. 878 à 881 qu'une série de dispositions qui doivent forcément concorder avec les articles 711, 724 et 2093. Cependant elle est en faveur chez les auteurs et compte un grand nombre de partisans (1). Je vais la réfuter en développant le quatrième système.

Quatrième système. — C'est la séparation des patrimoines telle que Domat, Lebrun, Pothier l'ont organisée, avec un élément de plus, l'élément de la publicité.

Cette théorie repose sur une double idée facile à saisir. Par rapport à l'héritier, la séparation des patrimoines et la fiction de la survivance du défunt n'existent pas. Les biens de la succession et les siens, juridiquement confondus,

(1) M. Troplong, sur l'art. 2111, t. 1, *des Hyp.* — Aubry et Rau, t. 4, p. 325 et suiv. — Demante, t. 6.

ne forment qu'une seule masse de biens qu'il
administre, qu'il peut aliéner. Représentant du
défunt, continuateur de sa personne, l'héritier
est tenu envers les créanciers de la succession,
et reste leur débiteur jusqu'au parfait paiement
de leur créance. Au contraire, dans les rapports
des créanciers entre eux, il y a séparation, et
séparation complète; le défunt est censé revivre:
à ce point de vue l'on trouve deux masses de
biens, deux débiteurs, deux classes de créanciers ayant chacune pour gage un patrimoine
différent. Le résultat de la combinaison de ces
deux principes est donc que les créanciers de la
succession ont le droit de se venger sur les
biens de l'héritier, quand ceux du défunt ne
suffisent pas à les désintéresser, mais seulement après le paiement des créanciers personnels. Quant à l'art. 2111, il n'a point fait de la
séparation un privilège, il n'a modifié en rien
le caractère du bénéfice, on a seulement voulu
rendre public un droit de préférence qui jusqu'alors s'exerçait d'une manière occulte.

Tous les auteurs, à l'exception de M. Mourlon, repoussent ce système (1). Cependant après

(1) Mourlon, *Examen critique et pratique du Commentaire de
M. Troplong*, tome 2, p. 921.

Je ne puis compter M. Marcadé au nombre de mes autorités.
M. Marcadé démontre avec beaucoup de force que les créanciers
de l'héritier doivent être préférés à ceux du défunt sur les biens

avoir étudié attentivement et sans prévention les articles du Code, après les avoir comparés aux législations antérieures, c'est à lui que je crois devoir me rattacher.

Et d'abord, en ce qui concerne la nature et les effets de la séparation au titre des successions, le doute ne me semble pas possible, et le troisième système doit être écarté comme le premier.

Je l'ai dit, en effet : au moment de la confection du Code, tout le monde était d'accord sur notre matière. Depuis longtemps la théorie romaine avait été abandonnée ; la doctrine que je viens d'exposer en substance, acceptée par la pratique, sanctionnée par la jurisprudence, ne trouvait pas de contradicteurs, et Pothier, le plus éminent des jurisconsultes du XVIIIᵉ siècle, l'avait aopté sans réserve.

Qu'ont fait les rédacteurs du Code ? En examinant les articles qui au titre des successions traitent de la séparation, il est facile de s'apercevoir que, sauf un point assez insignifiant, le

de leur débiteur : mais, en même temps, il soutient que la séparation des patrimoines est un privilège, qu'elle confère le droit de suite, que l'art. 834 du Code de procédure civile était applicable avant son abrogation. Sur tous ces points, nous sommes complètement en désaccord. La doctrine de M. Marcadé constitue donc un cinquième système qui tient par certains côtés à celui que j'ai adopté, mais qui néanmoins en diffère trop pour qu'il soit possible de les confondre.

rétablissement de la prescription en matière mobilière, ces articles sont le résumé fidèle et exact des paragraphes de Pothier. Il y a plus, non-seulement on y retrouve les opinions, les termes mêmes du jurisconsulte, mais la place qu'il avait assignée à la séparation des patrimoines dans son *Traité des successions*, l'ordre des paragraphes, tout a été maintenu et respecté. Sur un seul point, sur ce qui concerne l'effet le plus remarquable de la séparation, les rédacteurs ne se sont pas expliqués ; ils n'ont pas décidé si les créanciers du défunt peuvent concourir sur les biens de l'héritier avec ses créanciers personnels, ou seulement venir se venger sur ces biens après que les créanciers personnels auront été intégralement payés ; mais est-ce à dire qu'ils ont abandonné le système jusqu'alors en vigueur ? Peut-on supposer que, rompant avec un enseignement séculaire, avec les traditions dans lesquelles ils avaient été nourris, avec Pothier, leur guide habituel, ils aient subitement et tout à coup embrassé une doctrine qui n'a pas de précédents dans l'histoire de la séparation ? Peut-on imaginer qu'un changement aussi grave s'est accompli, sans qu'il ait laissé de traces dans les discussions, sans qu'on ait pensé à le constater par un texte de loi ? Les rédacteurs du Code qui, dans l'art. 880, ont consacré un alinéa tout entier à une innovation peu importante, auraient-ils jugé inutile de donner une explication , alors qu'il s'agissait de modifier l'effet principal de la séparation et de changer la nature même de l'institution ? Cela n'est pas admissible. Il est évident, au contraire, que s'ils ont gardé le silence, c'est qu'ils ne songeaient pas à la possibilité d'un doute sur cette matière, et qu'ils ne supposaient pas que plus tard l'on viendrait contester ce qui pour eux était le moins contestable. Ce silence, loin de pouvoir être invoqué par nos adversaires, est donc au contraire la preuve la plus décisive en faveur du système que je défends.

On objecte que notre doctrine est illogique : on soutient qu'il est contradictoire de proclamer le principe de l'obligation personnelle de l'héritier, et de donner à ses créanciers personnels un droit de préférence sur son patrimoine. Le reproche ne me semble pas fondé, et je crois cette théorie tout aussi logique que celle de Paul et d'Ulpien, quand on va au fond des choses.

L'une et l'autre, en effet, reposent sur une fiction. La seule différence, c'est que, chez les jurisconsultes romains, la fiction existe jusque dans les rapports des créanciers avec l'héritier, tandis que chez nous elle est restreinte aux

relations réciproques des créanciers. Chez eux
le principe de l'adition est détruit ; sous le Code
les effets de la saisine sont seulement suspendus.
Voilà ce qu'il faut bien comprendre. Mais une
fois ce point de départ admis, toutes les conséquences se déduisent avec la même rigueur et
la même logique. L'art. 879 lui-même, qui est
un contre-sens dans le deuxième et dans le
troisième système, devient compréhensible ; ces
expressions « accepter l'héritier pour débiteur »
qui ont soulevé tant de critiques et de récrimi-
nations, ne semblent plus aussi en contradiction
avec le principe de l'obligation personnelle de
l'héritier, ou du moins la contradiction n'est
plus qu'apparente.

C'est qu'en effet les rédacteurs du Code, d'après
Pothier, se sont placés dans cet article au point
de vue que nous signalions à l'instant. Ils ont
fait abstraction des rapports de l'héritier avec
les créanciers du défunt, ils n'ont considéré
que les relations réciproques des créanciers, et
l'on comprend que, préoccupés de cette idée,
ils aient cherché à rendre d'une manière aussi
saisissante que possible l'effet de la séparation
qui, à ce point de vue, crée en réalité deux
débiteurs et deux patrimoines.

Notre système a, d'ailleurs, sur tous les
autres l'avantage d'être de beaucoup le plus

juste et le plus équitable. A quoi bon, en effet,
maintenir, comme les jurisconsultes romains,
la fiction de la survivance du défunt, quand
cette fiction est devenue inutile? Pourquoi vou-
loir à tout prix venir au secours de l'héritier
quand celui-ci n'a point demandé à être protégé? S'il trouvait la succession trop onéreuse,
il fallait qu'il y renonçât, ou qu'il usât de la
faculté que la loi lui accordait, d'accepter sous
bénéfice d'inventaire. En repoussant le bénéfice de l'art. 802, en prenant la qualité d'héritier
pur et simple, il a montré que l'obligation de
payer les dettes ne lui semblait pas trop lourde,
et il n'a plus aucune raison à faire valoir pour
obtenir l'exonération d'une charge qu'il a
volontairement acceptée. Le premier système,
comme le fait observer M. Marcadé, accorde
donc trop peu aux créanciers du défunt; mais
le second et le troisième leur accordent trop;
et ces systèmes tant prônés conduisent à un
résultat véritablement inique. Est-il juste, en
effet, que la protection qui est due aux créanciers du défunt devienne une cause de ruine
pour ceux de l'héritier? Est-ce une doctrine
acceptable que celle qui enlève à ces derniers
tout l'émolument, pour ne leur laisser que les
charges de la succession? On conçoit que la
séparation ne produise aucun effet à l'égard de

l'héritier; mais, par rapport à ses créanciers contre lesquels elle est demandée, comment pourrait-elle à la fois être et ne pas être? Si elle existe contre eux, elle doit aussi, par cela même, exister pour eux. La loi donne aux créanciers de la succession le choix de faire revivre le défunt en réclamant le bénéfice de l'art. 878, ou d'accepter les résultats de la confusion légale. Ce choix qui leur est imparti est une faveur assez grande. Qu'ils délibèrent donc sur le parti à prendre, mais une fois leur décision arrêtée, qu'ils ne viennent pas invoquer simultanément contre les créanciers personnels de l'héritier la fiction de la survivance du défunt, pour se faire attribuer les biens de la succession, et les art. 711 et 724, pour concourir avec eux sur les biens de l'héritier?

Au reste, notre doctrine fût-elle aussi illogique qu'on le prétend, fût-elle aussi injuste qu'elle me semble équitable, ce ne serait pas un motif pour la rejeter. Ceux qui interprètent la loi n'ont pas à la justifier; leur seul devoir est de rechercher la véritable pensée du législateur. Or, quelques objections que l'on fasse, il faudra toujours en revenir à ceci :

1° Que les art. 878 à 881 out été copiés dans Pothier;

2° Que la théorie de Pothier était trop connue,

trop universellement acceptée, pour que les rédacteurs du Code, s'ils avaient entendu la repousser, n'eussent pas manifesté leur intention.

Aussi, à mes yeux, la difficulté ne réside pas
dans les art. 878 et suiv., elle consiste seulement
à prouver que dans l'art. 2111 la séparation des
patrimoines n'a pas changé de caractère.

Ici encore l'argument que j'opposais à l'instant se présente dans toute sa force. La transformation de la séparation des patrimoines en
privilège est un changement si profond, qu'il
semble impossible d'admettre que ce changement se soit opéré sans que l'attention des
législateurs ait été, pour ainsi dire, éveillée.
Une dérogation si évidente aux principes fixés
par trois législations successives, et à la nature
du droit organisé au titre des successions, mé-
ritait d'être discutée. Or les traces de cette discussion ne se trouvent nulle part. Partout règne
le mutisme le plus absolu.

A défaut de documents relatifs à la formation
de l'art. 2111, il faudrait au moins, pour déterminer ma conviction, que les termes de cet
article fussent précis et décisifs. Peut-on dire
qu'ils présentent ce caractère? Prenons chacun
des membres de phrase de cet article et nous
verrons qu'il est un rappel du droit établi dans
les art. 878 à 881.

Les premiers mots renvoient expressément au titre des successions : « Les créanciers et légataires qui demandent la séparation, conformément à l'art. 878 au titre des successions. » L'article ajoute que ces créanciers et légataires « conservent leur privilège : » il ne s'agit donc point de créer quelque chose de nouveau. On maintient, on confirme ce qui était précédemment établi, on accorde à l'inscription le pouvoir de vivifier et de conserver un droit déjà connu. Pour tout ce qui concerne la nature et les effets de ce droit, il faut s'en référer aux textes où le législateur l'a organisé, c'est-à-dire aux art. 878 à 882. Or nous savons que dans ces articles la séparation des patrimoines n'a aucun des caractères d'un privilège. Enfin, par ces mots : « A l'égard des créanciers des héritiers ou représentants du défunt...., » l'art. 2111 restreint formellement l'effet de la séparation aux rapports des créanciers entre eux et nous montre, comme l'art. 880, que le droit qui en résulte ne peut être exercé contre les tiers acquéreurs.

De la place occupée par l'art. 2111 on tire un argument contre l'opinion que je défends : je pourrais à bien plus juste titre le rétorquer contre nos adversaires. Si les rédacteurs du Code avaient voulu faire de la séparation un privilège,

ils en auraient traité ailleurs que dans la section 4; on la trouverait mentionnée dans l'article 2103; elle figurerait aussi dans l'énuméra-
tion des articles 2101 ou 2102, car elle existe
relativement aux meubles comme relativement
aux immeubles. Comment expliquer le silence
de ces articles? Ce ne peut être un oubli, puisque l'art. 2111 les suit presque immédiatement,
et que tout le chapitre II des privilèges a été
voté et discuté à la fois. Dans notre système,
au contraire, on comprend parfaitement l'impossibilité où se trouvaient les législateurs d'as-
signer une autre place à l'art. 2111. Ils ne pouvaient le mettre au titre des successions, car
ils ne savaient pas à cette époque quel mode
de publicité ils emploieraient au titre des privilèges et hypothèques; et d'ailleurs, rien dans
les écrits de Pothier qu'ils copiaient ne leur
donnait l'idée d'une publicité qui jusqu'alors
n'avait point existé. C'est plus tard, quand ils
ont traité de l'inscription, que, rencontrant sur
leur route l'art. 14 de la loi de brumaire, ils
ont voulu soumettre à cette formalité un droit
de préférence qui sans elle eût été un danger
pour les créanciers futurs de l'héritier. De là,
l'art. 2111 qu'ils ont tout naturellement placé,
non pas dans la section où ils énuméraient les
privilèges, puisque la séparation n'en est pas

un, mais dans la section où ils s'occupaient de la publicité.

Quant à l'objection puisée dans l'art. 2113, objection que j'ai formulée en exposant le deuxième système, elle aurait sans doute une grande valeur, si cet article donnait une véritable hypothèque aux créanciers du défunt qui ont omis de prendre inscription dans les six mois, à compter de l'ouverture de la succession. Il serait étrange, en effet, que la négligence de ces créanciers leur procurât des droits plus étendus que ceux qu'ils avaient auparavant. Mais il n'en est point ainsi. L'art. 2113 ne dit pas que le droit résultant de la séparation des patrimoines se change en hypothèque dans le cas que je viens d'indiquer ; il n'attribue cet effet qu'aux *créances privilégiées* à l'égard desquelles les formalités prescrites pour conserver le *privilège* n'ont pas été accomplies. Avant de prétendre que les créanciers de la succession qui ont négligé de s'inscrire dans le délai fixé par la loi deviennent hypothécaires, il faudrait donc prouver qu'ils avaient antérieurement un privilège. Or, c'est ce que je nie ; je soutiens que l'art. 2111 ne leur accorde qu'un droit de préférence ; l'argument ne porte donc pas. Tout ce qu'il est permis de conclure de l'art. 2113, c'est que, faute d'avoir été inscrit dans les six mois, le droit de préférence des créanciers du défunt s'amoindrit et dégénère comme les véritables privilèges. Au lieu de rétroagir au jour de l'ouverture de la succession, il ne prend rang qu'à la date de son inscription ; au lieu de primer tous les créanciers de l'héritier, il ne peut plus être opposé qu'à ceux qui ne sont pas antérieurement inscrits.

On insiste néanmoins, et l'on dit que la séparation des patrimoines, sans le droit de suite, ne donne aux créanciers du défunt qu'une garantie vaine et illusoire ; que le législateur, qui les protège contre les créanciers hypothécaires de l'héritier, n'a pas pu les laisser sans défense. contre les tiers acquéreurs ; que, si l'héritier est incapable d'hypothéquer les biens de la succession, à plus forte raison est-il incapable de les aliéner au préjudice des créanciers du défunt qui ont pris inscription dans le délai fixé par l'article 2111, car celui qui ne peut pas le moins ne peut pas évidemment le plus; qu'il faut donc appliquer aux aliénations tout ce que l'art. 2111 dit des hypothèques (1).

Ce raisonnement qui se produit sous la forme d'un argument *a fortiori*, semble décisif à nos adversaires ; mais repose-t-il sur une apprécia-

(1) Blondeau, p. 480, texte et notes 1 et 2.

tion vraie de la nature de la séparation ? Je ne
le crois pas.

D'abord, il n'est pas exact de dire que la
prohibition d'hypothéquer entraîne toujours,
comme conséquence, la prohibition d'aliéner.
Cette proposition est démontrée fausse par les
art. 859 et 865 du Code Napoléon. Mais fût-elle
inattaquable, on comprendrait encore que l'article 2111 eût dérogé à la règle du droit commun.
La séparation des patrimoines, en effet, n'a
jamais eu pour objet de garantir les créanciers
du défunt contre toute espèce de préjudice. Le
seul but de ceux qui l'ont organisée a été de
replacer ces créanciers dans la position où ils se
trouvaient pendant la vie du *de cujus*. En
partant de ce principe, les rédacteurs du Code
n'avaient donc pas besoin de leur conférer le
droit de suite ; il suffisait d'empêcher les créanciers de l'héritier de participer au droit de gage
dont ils jouissaient exclusivement sur les biens
de la succession. C'est ce que l'on a fait. Le législateur de 1804, à l'exemple du préteur, a
protégé les créanciers du défunt contre l'effet
des hypothèques consenties par l'héritier, parce
que, sans cette protection, le but qu'il se proposait d'atteindre eût été manqué. Les aliénations,
au contraire, ont été maintenues, parce que
l'aliénation est un fait étranger aux rapports des

9

créanciers entre eux, qu'elle constitue un danger auquel les créanciers du défunt étaient déjà exposés du vivant de leur débiteur, et qu'on ne voit pas pourquoi la mort de ce débiteur améliorerait leur position, et leur donnerait des droits qu'ils n'avaient pas auparavant. Remarquons, en outre, qu'à la différence de l'hypothèque, l'aliénation à titre onéreux ne forme pas, en réalité, un obstacle au bénéfice de la séparation, puisque le droit de préférence est transporté de l'objet aliéné sur le prix ou sur la chose acquise en échange. Il n'y a donc pas pour l'aliénation même raison de décider que pour l'hypothèque, et l'on ne doit pas confondre les dispositions qui régissent ces deux sortes d'actes (1).

Que reste-t-il donc à l'appui du système que je combats ? Un mot amphibologique, une expression malheureuse. Mais sommes-nous habitués à trouver dans nos Codes une telle propriété de langage que nous ne concevions pas la possibilité d'une inadvertance, ou l'emploi d'une locution inexacte? Dans la matière même qui nous occupe, n'avons-nous pas vu le législateur se servir du mot *novation*, alors que, juridiquement parlant, la novation n'existe pas ? Ici l'emploi du mot *privilège* est d'autant mieux explicable que, dans le langage du monde, il est

(1) Aubry et Rau, note 46.

souvent pris dans le sens de faveur ou de bénéfice. J'ajoute même que les rédacteurs ont pu
l'emprunter à nos anciens auteurs, car déjà
Raviot avait qualifié la séparation de privilège ;
et cependant, à cette époque, de l'aveu de tout
le monde, elle n'aboutissait qu'à un double droit
de préférence (1). C'est donc sur la foi d'un mot
mal défini, jeté incidemment dans l'art. 2111,
employé par les jurisconsultes eux-mêmes pour
désigner deux choses différentes, que l'on vient
créer un système nouveau, bouleverser l'écono-
mie de la loi, et prendre les rédacteurs du Code
en flagrant délit de contradiction ; j'avoue que
je recule devant une pareille témérité.

Ainsi, dans mon opinion, la séparation des
patrimoines n'est pas un privilège ; ainsi, l'article 2111 ne contient pas une théorie différente
de celle que je crois avoir été consacrée au titre
des successions, et les créanciers du défunt n'ont
pas à s'en prévaloir pour demander à concourir
avec les créanciers personnels sur le patrimoine
de l'héritier, après s'être exclusivement attribué
les biens de la succession.

Si la séparation des patrimoines n'est pas un
privilège, il faut aussi reconnaître qu'aucun texte
du Code ne confère aux créanciers chirographaires de la succession le droit de suivre les immeu-

(1) Raviot sur Périer, quest. 91.

bles héréditaires aux mains des tiers acquéreurs.
Ils ne sauraient invoquer l'art. 2166, car cet
article ne concerne que les hypothèques et les
privilèges. Ils ne peuvent pas non plus s'appuyer
sur l'art. 2111, car j'ai fait voir qu'il règle uniquement ce qui a rapport au droit de préférence.
On retombe sous l'application de l'art. 880. Or,
en déclarant que la séparation peut être demandée, tant que les immeubles sont aux mains
de l'héritier, cet article fait suffisamment comprendre qu'elle n'est pas opposable aux tiers
acquéreurs. Nous déciderons donc hardiment
que les inscriptions prises par les créanciers
chirographaires du défunt, soit dans les six
mois, soit après les six mois de l'ouverture de la
succession, ne leur donne, dans aucun cas, le
droit de venir troubler l'acquéreur dans la
possession de l'immeuble aliéné de bonne foi
par l'héritier.

Il en résulte que ces créanciers ne peuvent ni
forcer l'acquéreur à payer une seconde fois le
prix qu'il a déjà versé aux mains de l'héritier,
ni mettre une surenchère (1). Ils ont seulement
la faculté d'attaquer par la voie de l'action Paulienne les aliénations frauduleusement consenties.

Il en résulte encore que l'art. 834 du Code de

(1) Contra Dufresne, n° 89. — V. Aubry et Rau, note 52.

procédure civile n'a jamais été applicable à la matière de la séparation. L'art. 834 est le résultat d'une lutte qui s'engagea, lors de la confection du Code de procédure, entre la régie et le Conseil d'Etat. Le Conseil d'Etat, contrairement aux prétentions de la régie, avait émis l'avis que, dans le système du Code civil, la transcription n'était pas nécessaire pour arrêter le cours des inscriptions. La régie, voyant que les acquéreurs ne faisaient plus transcrire, et qu'une source importante de ses revenus se trouvait ainsi tarie, fit insérer dans le Code de procédure l'art. 834. La transcription devint alors une sorte de mise en demeure, un appel fait aux créanciers du vendeur. Mais cet appel ne s'adresse qu'à ceux qui avaient le droit de surenchérir. Le texte de l'art. 834 le prouve jusqu'à l'évidence. Le premier alinéa, en effet, ne parle que des créanciers qui ont hypothèque aux termes des art. 2123, 2127, 2128, du Code civil ; le second, des créanciers qui ont privilège sur les immeubles. La séparation des patrimoines n'étant pas un privilège et n'attribuant aux créanciers qui le demandent ni le droit de suite, ni le droit de surenchère, est restée en dehors des dispositions de l'article (1).

Du reste, l'intérêt de la question est aujourd'hui purement historique, car les art. 834 et

(1) Contra Grenier. — Duranton. — Marcadé.

835 du Code de procédure civile ont été abrogés par la loi sur la transcription. Je n'ai pas besoin de rappeler ici que cette loi de 1855 est complètement étrangère à notre matière, et que l'aliénation à titre onéreux est réputée consommée par rapport aux créanciers qui demandent la .séparation, avant la transcription, au moment même où la convention est intervenue. Je ferai observer que la loi du 23 mars 1855 fournit un nouvel argument à l'appui de la doctrine que je me suis efforcé d'établir, et qui consiste à ne voir dans la séparation des patrimoines qu'un droit de préférence. Les législateurs, en effet, ont réservé un délai de 45 jours pendant lequel le vendeur et les co-partageants pourront utilement s'inscrire après l'acte de vente ou de partage. Au contraire en ce qui concerne les créanciers et les légataires du défunt, ils ont gardé le silence (1). Cependant l'art. 2111, comme l'article 2109, fixe un délai pour prendre inscription. S'ils n'ont pas parlé de la séparation, c'est que sans doute ils n'ont pas considéré ce bénéfice comme constituant un privilège opposable aux tiers acquéreurs. Sans cela, ils auraient fait pour les créanciers héréditaires ce qu'ils ont fait pour les autres privilégiés; ils ne les auraient pas exposés au danger de se voir déchus de leur

(1) V. art. 6, alin. 2.

droit, au moment où ce droit vient de naître, par une aliénation consentie et transcrite le jour même de l'ouverture de la succession.

Il faut donc, je crois, tenir pour certain, aujourd'hui comme dans l'ancienne jurisprudence, que les immeubles de la succession, aussitôt qu'ils ont été aliénés de bonne foi par l'héritier, passent aux mains de l'acquéreur libre du droit de séparation. Mais nous avons vu que le droit de préférence subsiste après l'aliénation et après la transcription, tant que le prix n'a pas été payé. Ceci donne lieu à une difficulté. Supposons, en effet, que l'héritier ait aliéné les immeubles de la succession dans les six mois de l'ouverture ; quelques-uns de ses créanciers s'étaient fait concéder des hypothèques ; ils les ont inscrites ; les créanciers du défunt au contraire n'ont pas pris inscription. Que va-t-il arriver ? Les créanciers de la succession primeront nécessairement sur le prix non encore payé les créanciers chirographaires de l'héritier ; car, par rapport à ces créanciers, le prix est une chose mobilière, et les créanciers héréditaires n'ont pas besoin de l'inscription pour exercer relativement aux meubles le droit résultant de la séparation. Mais, par rapport aux créanciers de l'héritier déjà inscrits, le prix est la représentation de l'immeuble. Les créanciers du défunt ne peuvent donc les primer qu'à la condition d'avoir eux-mêmes accompli les formalités prescrites par l'art. 2111. Pourront-ils le faire après l'aliénation ? M. Zachariæ et ses annotateurs se prononcent sans hésiter pour l'affirmative (1). Pour ma part, j'ai vainement cherché un motif juridique qui justifiât cette opinion. L'art. 2111, comme les art. 2108 et 2109, s'occupe uniquement du cas où les immeubles sont restés aux mains du débiteur. Un seul article du Code, l'art. 2166, prévoit l'hypothèse d'une aliénation. Or, aux termes de cet article, quand l'immeuble est sorti du patrimoine du débiteur, aucune inscription n'est plus possible. Voilà le principe : il faudrait donc qu'un texte spécial eût créé une exception en faveur des créanciers héréditaires ; mais ce texte n'a jamais existé. Ce n'était pas l'art. 834 du Code de procédure civile. M. Zachariæ lui-même convient qu'il n'a pas été fait pour la séparation, et en outre il est abrogé. Ce n'est pas non plus l'art. 6, al. 2, de la loi du 23 mars 1855 ; cette loi est étrangère à notre matière, et, fût-elle opposable, l'alinéa 2 de l'art. 6 ne faisant pas mention des créanciers héréditaires, ils tomberaient sous l'application de la règle générale de l'alinéa premier. Il en résulterait donc simplement qu'ils pourraient prendre

(1) V. page 329, notes 37 et 38.

inscription jusqu'au moment de la transcription ; mais là se bornerait leur droit. Remarquons, d'ailleurs, que dans notre système, la séparation des patrimoines ne peut, ni de près, ni de loin, porter atteinte aux droits des tiers acquéreurs, et que ceux-ci seraient fondés à demander des dommages et intérêts aux créanciers du défunt, s'ils venaient prendre inscription sur un bien qui n'appartient plus à leur débiteur. Ainsi, de deux choses l'une : ou les créanciers du défunt ont pris inscription avant l'aliénation, et alors ils priment les créanciers de l'héritier sur le prix non payé de l'immeuble, conformément aux dispositions des art. 2111 et 2113 du Code Napoléon ; ou ils n'ont pas pris inscription, et alors ils priment les créanciers chirographaires de l'héritier, mais ils sont nécessairement primés par tous ses créanciers hypothécaires.

Jusqu'ici nous n'avons étudié les effets de la séparation que dans les rapports des créanciers du défunt avec les créanciers de l'héritier, et avec les tiers acquéreurs, examinons maintenant l'influence de notre bénéfice dans les relations réciproques des créanciers de la succession.

Il est tout d'abord un cas qui ne présente aucune difficulté : c'est celui où chacun des créanciers et légataires du défunt s'est inscrit dans les six mois. Tout le monde convient que dans cette hypothèse les choses se passent comme si le *de cujus* vivait encore, et que l'antériorité de l'inscription n'apporte aucun changement dans la position de ses créanciers. Ainsi, ceux qui avaient un privilège le conservent et l'exercent, conformément aux art. 2096 et 2097 ; les hypo-thécaires priment les simples chirographaires ; ceux-ci viennent par contribution ; les léga-taires ne sont colloqués qu'en quatrième ordre, et quand tous les créanciers ont été désinteres-sés. Ici, je le répète, tout le monde est d'accord.

L'antagonisme des différents systèmes com-mence seulement à apparaître au cas où quel-ques-uns seulement des créanciers héréditaires se sont inscrits dans les délais de l'art. 2111, tandis que d'autres ont négligé de prendre inscrip-tion, ou n'ont accompli cette formalité qu'après l'expiration des six mois. Ainsi le défunt a laissé un immeuble valant 40,000 francs, et trois créanciers chirographaires qui demandent la séparation. Primus s'est inscrit dans les six mois pour 30,000 fr. ; Secundus pour 20,000 francs, mais huit mois après l'ouverture de la succes-sion, Tertius, créancier de 30,000 francs, n'a pas pris inscription. D'après M. Blondeau, Pri-mus a acquis un privilège en vertu duquel il doit l'emporter sur Secundus qui n'a qu'une simple hypothèque, et sur Tertius qui est resté chirographaire. Dans ce système, on attribue 30,000 francs à Primus, 10,000 fr. à Secundus. Tertius ne reçoit rien. Le grand argument de M. Blondeau consiste à dire que « l'art. 2146 en déclarant que les inscriptions sont sans effet entre les créanciers du défunt lorsque la succession est acceptée sous bénéfice d'inventaire, décide implicitement qu'elles ne sont pas sans effet quand la succession est acceptée purement et simplement (1).» Ce raisonnement, il faut en convenir, est bien peu concluant; il ne s'agit pas, en effet, de savoir si les créanciers du défunt peuvent améliorer leur position dans le cas d'une acceptation pure et simple. Personne ne songe à contester une proposition aussi évidente. Ils arriveront à ce résultat au moyen d'hypothèques conventionnelles ou judiciaires, consenties par l'héritier ou obtenues contre lui. La question, comme le font observer MM. Aubry et Rau, consiste à savoir si les créanciers héréditaires peuvent atteindre ce but à l'aide de la séparation des patrimoines (2). Or, à cette question ainsi posée, il faut répondre par la négative. La séparation des patrimoines, on ne

(1) Blondeau, loc. cit., p. 485.
(2) Aubry et Rau, note 43.

saurait trop le répéter, ne crée point des droits
nouveaux au profit des créanciers héréditaires;
elle a seulement pour objet de conserver ceux
qu'ils avaient sur le patrimoine de leur débiteur
avant l'ouverture de la succession ; elle détruit
l'effet de la confusion légale qui s'était opérée :
en un mot elle fait revivre le défunt. Ce point
de départ une fois admis, il s'ensuit nécessairement que les créanciers qui demandent la séparation ne peuvent dans aucun cas recevoir plus
qu'ils n'obtiendraient si la fiction était la réalité;
il s'ensuit encore que dans leurs relations réciproques l'antériorité, l'existence même de
l'inscription est une circonstance absolument
insignifiante. Et quand je déduis ces conséquences, je respecte le texte de la loi au lieu de le
violer, car les art. 878 et 2111 sont assez explicites ; tous les deux supposent une lutte de classe
à classe, de masse à masse; tous les deux nous
montrent que la demande en séparation est dirigée contre les créanciers de l'héritier, et que les
créanciers du défunt ne peuvent jamais s'en prévaloir les uns contre les autres, Primus, Secundus et Tertius viendront donc par contribution.
Primus aura 15,000 francs; Secundus 10,000
francs; Tertius 15,000 francs. »

La question se compliquera si nous supposons qu'un créancier hypothécaire de l'héritier

se trouve en concours avec des créanciers chirographaires du défunt. Soit une succession immobilière de 30,000 fr., Primus et Tertius, créanciers héréditaires, se sont inscrits : le premier
dans les six mois pour 20,000 fr. ; le second
après ce délai, pour 40,000 fr. Avant Tertius, Se-
condus, créancier hypothécaire de l'héritier, a
pris inscription pour 15,000 fr. Dans cette hypothèse, quelques-uns des auteurs qui tout à
l'heure étaient d'accord avec nous abandonnent
notre système pour se rallier à celui de M. Blondeau (1). Ils invoquent la maxime *si vinco vincentem te vinco te* ; ils objectent que Primus l'em-
portant sur Secundus, doit par *à fortiori* l'emporter sur Tertius qui est primé par Secundus. Ils
colloquent donc Primus pour l'intégralité de sa
créance, c'est-à-dire pour 20,000 fr., Secundus
pour 10,000 fr., Tertius est exclu. Rien assurément n'est plus illogique que ce mode de procéder : que se propose-t-on, en effet? on veut
déterminer l'étendue des droits de Primus par
rapport à Tertius. Or, je ne vois pas comment
la circonstance qu'un créancier de l'héritier se
trouve en concours avec eux peut modifier les
règles qui ont été établies à l'instant, et que les
auteurs que je combats maintenant étaient les
premiers à admettre. Sans doute la maxime *si*

(1) Delvincourt, t. 2, p. 389. — Dalloz, *Jur. gén.*, v° *Successions.*

vinco vincentem te..... est vraie ; mais seulement quand la cause de préférence du premier
créancier sur le second est la même que celle
qui fait préférer celui-ci à un troisième. Est-ce
là ce qui a lieu dans notre espèce? Non, évidemment ; car la cause de préférence de Secundus sur Tertius est l'inscription que Secundus
a prise, et je viens précisément de faire voir
que dans les rapports des créanciers du défunt
entre eux l'inscription reste sans effet. S'il en
est ainsi, la maxime que l'on invoque est sans
application au cas qui nous occupe ; il faut
l'écarter de la discussion, et s'en tenir à ce principe que l'omission d'une formalité ne peut
profiter qu'à ceux dans l'intérêt desquels cette
formalité est requise. Ici l'inscription étant
exigée dans l'intérêt exclusif des créanciers de
l'héritier, la négligence de Tertius ne pourra
servir qu'à Secundus, et il ne sera pas permis
à Primus de s'en prévaloir pour réclamer un
droit de préférence sur son créancier. Je raison-
nerai donc comme je l'ai fait dans l'espèce pré-
cédente, et je dirai : Si le *de cujus* vivait encore,
Primus aurait 10,000 fr. ; en s'inscrivant à temps
il a conservé ses droits, mais il n'a pas pu en
acquérir de nouveaux ; il prendra donc 10,000 fr.,
et rien de plus.

Restent Secundus et Tertius. Pour quelle

somme les colloquerons-nous? Sur ce point
encore deux opinions sont en présence. Suivant
quelques auteurs, les 10,000 fr., qui, dans notre
hypothèse, forment la différence entre le divi_
dende que Primus a reçu et la somme pour laquelle il s'est inscrit, doivent être donnés à
Tertius son cocréancier, et non pas à Secundus
créancier de l'héritier. Secundus, dit-on, ne
peut pas se plaindre, car l'inscription de Primus
l'avait averti qu'une créance de 20,000 fr.
était préférable à la sienne; il n'a donc dû
compter que sur la partie du prix de l'immeuble excédant cette créance, c'est-à-dire sur
10,000 fr. (1). Ce système a quelque chose qui
séduit au premier abord, cependant deux raisons me déterminent à le rejeter. D'une part,
il accorde une prime d'encouragement à la négligence des créanciers retardataires; il crée en
leur faveur un droit de préférence que nous ne
trouvons écrit nulle part; il peut même dans
certains cas annuler complètement la disposition de l'art. 2113 du Code Napoléon. D'autre
part, il ne faut pas oublier que dans la législation actuelle la séparation des patrimoines est
un bénéfice non plus collectif, mais individuel, ne
produisant effet qu'au profit de ceux qui l'invoquent. Si cela est vrai pour la demande en

(1) Mourlon, *loc. cit.*, p. 939. — Duranton, t. 19, n° 227.

séparation elle-même, et personne ne le conteste, cela est également vrai pour l'inscription. L'inscription de Primus ne doit donc sauvegarder que les droits de Primus, elle ne doit servir qu'à lui, et l'on ne peut en appliquer le bénéfice à Tertius sans méconnaître l'un des principaux caractères de la séparation, et sans arriver tout droit au régime collectif que le Code a voulu proscrire. En conséquence je colloquerai Secundus pour le montant intégral de sa créance, 15,000 fr.; le reliquat seul, c'est-à-dire 5,000 fr., sera attribué à Tertius (1).

On peut réduire ce qui précède à cette formule : le créancier héréditaire inscrit dans les six mois doit avoir tout ce qu'il aurait eu si ses cocréanciers s'étaient inscrits comme lui en temps utile, mais rien de plus. L'inscription d'un créancier diligent ne doit pas profiter à ses cocréanciers négligents.

Les mêmes règles sont applicables aux légataires. Il faut seulement observer que la séparation des patrimoines permet d'opposer aux légataires la maxime : *nemo liberalis nisi liberatus*, et qu'ils ne peuvent rien obtenir au delà de la somme qu'aurait laissée disponible le payement des créanciers du défunt.

Ainsi, soit un immeuble héréditaire valant

(1) Aubry et Rau, note 54.

60,000 fr. ; Primus, légataire, s'est inscrit pour 30,000 fr. dans les six mois ; Tertius, créancier de la succession de 50,000 fr., n'a pris inscription qu'après ce délai ; avant lui, Secundus, créancier de l'héritier, s'est inscrit pour 60,000 fr. Si Tertius avait été diligent, il aurait touché le montant intégral de sa créance, et Primus aurait eu 10,000 fr. La négligence de Tertius ne doit pas nuire au légataire, mais elle ne peut pas tourner à son profit ; il recevra donc seulement ces 10,000 fr. ; le reste appartiendra à Secundus.

Si l'immeuble héréditaire, au lieu de valoir 60,000 fr., ne vaut que 50,000 fr., Primus n'obtiendra rien, et le montant du prix sera attribué en totalité au créancier hypothécaire de l'héritier.

Ce mode de procéder aboutira quelquefois à un résultat malheureux. Si l'antériorité de l'inscription assurait au créancier diligent un droit de préférence sur ses cocréanciers, il consentirait volontiers à ne s'inscrire que sur un ou deux immeubles dont le prix suffirait pour répondre de sa créance ; comme, au contraire, il a toujours à craindre que d'autres créanciers ne viennent restreindre le montant de sa collocation, il multipliera ses inscriptions, et les étendra à tous les immeubles. Mais en même temps il multipliera les frais, et entravera inu-

10

tilement peut-être le crédit de l'héritier. C'est
là un inconvénient réel dont la portée n'a point
échappé à M. Blondeau, et sur lequel il a lon-
guement insisté. Je reconnais moi-même à cet
égard la supériorité de son système; mais
quelles que soient les imperfections du mien, lé-
gislativement parlant, je n'en persiste pas moins
à le croire le plus conforme au texte et à l'esprit
du Code.

Une dernière question nous reste à examiner.
La séparation des patrimoines fait-elle obstacle
à la division des dettes? Quand il y a plusieurs
héritiers, chacun d'eux peut-il être poursuivi
sur les biens qu'il a recueillis dans la succession
au delà de sa part contributive dans les dettes?
ou, au contraire, l'action en séparation ne peut-
elle s'exercer que dans les limites de l'action
personnelle?

Il ne paraît pas que dans notre ancienne jurisprudence ce point ait jamais fait difficulté, et
parmi les auteurs de cette époque, aucun ne
semble avoir soupçonné que la séparation des
patrimoines pût porter atteinte au principe de
la divisibilité des dettes. Loin de là, d'après le
témoignage de Merlin, ceux qui comme Renus-
son, Mornac, Bacquet, Furgole, accordaient aux
légataires une action *in solidum* sur chacun des
immeubles de la succession, se fondaient prin-

cipalement sur ce que « une hypothèque tron-
quée et mutilée par la division ne remplirait pas
les vues du législateur, et n'ajouterait même
rien par rapport à l'héritier au bénéfice de la
séparation des patrimoines (1). » Le Code Napoléon n'ayant rien changé à la nature de notre
bénéfice; d'un autre côté, le principe de la divisibilité des dettes ayant été maintenu dans les
articles 873, 1220, et la séparation des patrimoines ne figurant pas au nombre des excep-
tions que l'article 1221 énumère, c'est encore à
l'opinion implicitement exprimée par Renus-
son, Mornac, Furgole, qu'il faut se rendre aujourd'hui.

Cependant cette solution est énergiquement
combattue, et non-seulement par les jurisconsultes qui prétendent que la séparation des
patrimoines constitue un privilège dans lequel
l'hypothèque des légataires est venue con-
fluer (2), mais encore par quelques-uns de ceux
qui interprètent comme nous l'article 2111 (3).
L'action en séparation, disent ces auteurs, reconstitue le patrimoine du défunt; les créanciers
qui l'intentent n'ont plus, à proprement parler,
les héritiers pour débiteurs; leur véritable dé-

(1) Merlin, *Rép.*, v° *Légataire*, § 6, n° 14.
(2) Hureaux, *loc. cit.*
(3) Dufresne, n° 114. — Bonnier, *Revue de légis*, t. 14. — Bour-
ges, 20 août 1832. — Bordeaux, 14 juillet 1836.

biteur, c'est la succession qui répond tout entière du payement de leurs créances; leur gage demeure donc indivisible, comme il l'était pendant la vie du *de cujus*. On ajoute que restreindre le droit des créanciers à la part contributive de chacun des cohéritiers dans les dettes, c'est les mettre à la merci d'un partage frauduleux qui pourrait jeter dans le lot d'un cohéritier solvable les immeubles importants, et n'attribuer aux autres que des valeurs faciles à dissimuler.

La réponse à la première de ces objections se trouve dans le rappel des principes que j'ai développés. Oui, la demande en séparation reconstitue le patrimoine du défunt, mais elle ne le reconstitue que dans les rapports des créanciers entre eux; elle fait revivre le *de cujus;* mais elle respecte en même temps les effets de la saisine; elle conserve le gage des créanciers héréditaires, mais à la condition que la position des héritiers ne sera ni modifiée, ni aggravée; car ils ne sont pas partie dans l'instance, et l'action n'est pas dirigée contre eux. Il faut de plus remarquer que les rédacteurs du Code ont traité de la séparation aussitôt après avoir déclaré dans l'article 873 que chacun des héritiers n'est tenu des dettes de la succession que pour sa part et portion. Or, il n'est pas présumable qu'ils aient établi cette règle pour l'effacer en partie à quelques lignes d'intervalle. Quant au danger résultant de la possibilité d'un accord frauduleux entre les cohéritiers, le Code y a remédié en permettant aux créanciers du défunt de s'opposer à ce qu'il soit procédé au partage de l'hérédité hors de leur présence, et d'attaquer le partage qui aurait été consommé en fraude de leurs droits malgré cette opposition (1).

CHAPITRE VI

DES CAUSES D'EXTINCTION DU DROIT D'INVOQUER
LA SÉPARATION DES PATRIMOINES

Tous les auteurs reconnaissent trois causes principales de déchéance du droit de séparation : 1º la novation, ou plus exactement la renonciation expresse ou tacite des créanciers héréditaires ; 2º la confusion des biens de la succession avec ceux de l'héritier ; 3º la prescription.

Pour nous, qui avons admis que la séparation des patrimoines ne comportait pas de droit de suite, nous devons en reconnaître une quatrième, l'aliénation des biens héréditaires par l'héritier. Nous consacrerons à chacune d'elles une section spéciale.

(1) Aubry et Rau, note 53. — Mourlon, *loc. cit.* — Blondeau, p. 573. — Caen, 14 février 1825.

SECTION I

Renonciation expresse ou tacite des créanciers héréditaires. — « La séparation des patrimoines, nous dit l'art. 879, ne peut être invoquée, « lorsqu'il y a novation dans la créance contre le défunt, par l'acceptation de l'héritier pour débiteur. » Cette disposition de la loi a donné lieu à de vives controverses, et il était difficile qu'il en fût autrement avec une rédaction aussi équivoque. L'art. 879 est emprunté presque textuellement à Pothier ; or, il semble précisément que Pothier avait commis sur ce point une certaine confusion, en ne reconnaissant qu'une seule cause de déchéance du droit de séparation, là où les jurisconsultes romains en avaient évidemment distingué deux. Ils admettaient, en effet, que les créanciers de la succession perdaient leur droit à la séparation : 1° lorsqu'ils traitaient avec l'héritier *animo novandi*, et, 2° lorsque sans faire une novation proprement dite, ils acceptaient l'héritier pour débiteur, soit expressément, soit tacitement, par exemple, en recevant de lui un gage ou une caution. Pothier n'a pas reproduit nettement cette distinction. « La séparation, dit-il, ne peut être demandée par les créanciers du défunt, lorsqu'ils ont fait novation de la créance qu'ils avaient contre le défunt en une créance contre son héritier, en le prenant pour leur propre débiteur à la place du défunt; car, par là, ils ont cessé d'être les créanciers du défunt, et deviennent plutôt créanciers de l'héritier. » Les rédacteurs du Code, dans l'art. 879, ont reproduit Pothier. De là, la confusion qui règne aujourd'hui sur ce point. Cependant, on reconnaît assez généralement (et nous partageons cette opinion) qu'il s'agit ici d'une novation très imparfaite, d'une novation *sui generis*, toute différente de celle de l'article 1271, je dirai presque d'une novation qui ne nove en rien la dette. Les stipulations mentionnées dans la loi 1 pr., *de Separationibus*, entraînaient la déchéance du droit de séparation, non-seulement parce qu'elles emportaient, au temps d'Ulpien, une novation proprement dite, mais aussi parce qu'elles impliquaient l'intention de choisir l'héritier pour débiteur, la *mens eligendi*. Sous Justinien, ces stipulations ne renferment plus de novation, mais elles contiennent toujours cette *mens eligendi*, et cela suffit pour faire perdre aux créanciers héréditaires le droit de séparation. La novation de l'art. 879 n'est autre chose, à mon avis, que la *mens eligendi* des jurisconsultes romains. Sans doute, la novation proprement dite faite avec l'héritier par un créancier du défunt, entraîne la perte du bénéfice de séparation ; mais notre article 879 n'en demande pas tant, il prononce la déchéance de ce droit contre les héritiers héréditaires qui ont seulement, soit expressément, soit tacitement, accepté l'héritier pour débiteur. D'ailleurs, les actes qui peuvent entraîner ainsi, pour les créanciers héréditaires, la perte du bénéfice de la séparation, c'est-à-dire faire supposer chez eux la renonciation au droit de s'en prévaloir, sont si nombreux qu'il serait difficile d'en donner une nomenclature : les tribunaux auront, en cette matière, un pouvoir d'appréciation très large ; ils rechercheront, avant tout, l'intention des parties, et les mêmes faits pourront ainsi, suivant les circonstances, être interprétés tantôt dans un sens et tantôt dans un autre. Toutefois, on admet généralement qu'il y a novation dans le sens de l'art. 879, lorsqu'un créancier de la succession stipule de l'héritier des garanties nouvelles, telles qu'un cautionnement, un gage, une hypothèque, lorsqu'il accepte une délégation de la part de cet héritier, ou qu'il le poursuit sur ses biens personnels. Mais nous pensons qu'il ne faudrait pas voir une novation de cette espèce dans le seul fait d'un créancier qui notifie à l'héritier des titres exécutoires contre le défunt, ou qui le poursuit en reconnaissance d'une dette héréditaire; cela n'implique nullement qu'il consente à accepter cet héritier pour débiteur, et à renoncer ainsi au droit d'invoquer la séparation; l'héritier est le seul représentant de la succession, il faut bien qu'il s'adresse à lui!

Toutefois, si les créanciers héréditaires sont prudents, ils auront soin de faire toutes réserves à cet égard, et, dans leurs actes ou significations, d'indiquer expressément qu'ils ne poursuivent l'héritier que comme administrateur de la succession, et non pas comme débiteur personnel.

SECTION II

Confusion. — Le second évènement qui rend impossible le droit de séparation, c'est la confusion des biens de la succession avec ceux de l'héritier, et nous entendons ici la confusion matérielle, et non pas la confusion de droit qui s'opère par la réunion, chez la même personne, de deux qualités incompatibles.

Les jurisconsultes romains, nous l'avons vu, formulaient expressément cette cause de déchéance; si le Code civil ne l'a pas mentionnée, c'est sans doute parce que ses rédacteurs ont jugé superflu de reproduire une disposition aussi évidente, qui découlait de la nature même des choses. Ce n'est pas, d'ailleurs, à proprement parler, une cause d'extinction du droit de séparation, mais, ce qui revient au même, c'est un obstacle matériel à l'exercice de ce droit.

Cette confusion se produira naturellement beaucoup plus fréquemment à l'égard des meubles qu'à l'égard des immeubles dont il est d'ordinaire facile de reconnaître l'origine; mais il y a cependant des cas où les immeubles héréditaires pourront, au moins dans une certaine mesure, se trouver confondus avec ceux de l'héritier. Supposons, par exemple, un immeuble de la succession contigu à celui de l'héritier. Si les titres de propriété sont égarés ou s'ils ne contiennent qu'une description sommaire du domaine auquel ils se rapportent, on conçoit qu'après un grand nombre d'années, il pourra se présenter de sérieuses difficultés pour déterminer exactement les limites de chacun d'eux. On pourrait citer encore le cas où l'héritier a modifié les immeubles héréditaires de telle façon qu'il serait absolument impossible de déterminer, à une époque éloignée de l'ouverture de la succession, la valeur qu'ils pouvaient avoir à ce moment. Mais, nous le répétons, cette cause de déchéance se produira beaucoup plus souvent, dans la pratique, à l'égard des biens meubles, surtout des meubles corporels. Pour les meubles incorporels, en effet, tels que les rentes, les créances, les actions et obligations, la confusion n'est guère possible : si les titres sont nominatifs. ils portent avec eux l'indication de leur origine; s'ils sont au porteur, ils ont encore leurs numéros d'ordre qui peuvent aider, dans certains cas, à les distinguer des biens de l'héritier.

D'ailleurs, pour que les meubles héréditaires soient compris dans la séparation, il suffit que leur origine soit nettement établie ; les créanciers qui n'ont pas eu la précaution de recourir à des mesures conservatoires, pourront toujours, par tous les moyens de preuve, prouver que les meubles sur lesquels ils demandent la séparation, appartenaient au *de cujus :* les tribunaux apprécieront suivant les circonstances.

Remarquons, en terminant, que la déchéance qui résulte de la confusion matérielle des biens héréditaires avec ceux de l'héritier, n'a d'effet que dans la limite même où cette confusion s'est produite. La séparation peut toujours s'exercer sur les biens restés distincts.

SECTION III

Prescription. — Le droit d'invoquer la séparation des patrimoines se prescrivait, en droit romain, par le délai de cinq ans pour les immeubles, comme pour les meubles. Cette prescription fut généralement repoussée dans notre ancienne jurisprudence où l'on tenait pour maxime, nous dit Lebrun, de n'admettre aucune des prescriptions du droit romain, si elle n'était confirmée par l'ordonnance ou par la coutume. Cependant dans quelques pays de droit écrit, on avait admis, en matière de séparation, cette prescription de cinq ans, mais seulement pour les meubles. Les rédacteurs du Code n'ont fait que reproduire cette disposition, en réduisant toutefois le délai de cinq ans à trois ans. « Le droit de séparation dit, en effet, l'art. 881, se prescrit, relativement aux meubles, par le délai de trois ans ; à l'égard des immeubles, l'action peut être exercée tant qu'ils existent dans les mains de l'héritier. » Ainsi la séparation, quant aux immeubles, n'est soumise à aucune prescription ; elle peut s'exercer aussi longtemps que la créance héréditaire qu'elle a pour but de garantir n'est pas prescrite elle-même.

Pour les meubles la séparation ne peut plus être invoquée après un délai de trois ans. Cette courte prescription est fondée sur une présomption de confusion *juris et de jure* que, dans aucun cas, les créanciers héréditaires ne sauraient être admis à combattre, lors même qu'ils pour-

raient, avec certitude, établir l'origine des
meubles héréditaires.

Ce point ne fait aucun doute. Mais, ce qui
peut présenter plus de difficulté, c'est de déterminer exactement le point de départ de cette
prescription de trois ans. Nous avons vu qu'elle
ne commençait à courir en droit romain que
du jour de l'adition de l'hérédité. Faut-il admettre ici la même solution ? Je ne le pense pas.
On sait que, en droit romain, l'héritier n'était
saisi des biens héréditaires qu'à compter de l'a-
dition d'hérédité ; on ne pouvait donc pas faire
courir le délai de cinq ans du jour de l'ouverture de la succession, mais seulement du jour
de l'adition. Sous l'empire du Code, au contraire, ce n'est plus l'héritier qui va à l'hérédité,
mais bien, en quelque sorte, l'hérédité qui
vient trouver l'héritier ; l'acceptation n'est, en
un mot, que la confirmation d'un fait existant.
Je n'hésite pas à admettre que la prescription
de l'art. 880 commence à courir du jour même
de l'ouverture de la succession. L'adition d'hérédité, ou plus exactement l'acceptation n'est soumise aujourd'hui à aucune formalité; elle peut
résulter de faits très divers, inconnus le plus
souvent des créanciers de la succession. Qui ne
voit combien il serait difficile d'en préciser
exactement la date, si on admettait la théorie

romaine, et, par conséquent, de déterminer le point de départ de notre prescription? D'ailleurs l'art. 2111 nous montre bien que telle a dû être la pensée du législateur ; la mesure conservatoire qu'il prescrit doit être prise dans les six mois, « à compter du jour de l'ouverture de la succession ; » on ne comprendrait guère deux points de départ différents dans deux situations tout à fait analogues.

SECTION IV

Aliénation. — Nous n'avons pas oublié le paragraphe deux de l'art. 880, « à l'égard des immeubles, la séparation peut être exercée tant qu'ils existent dans les mains de l'héritier. » La plupart des auteurs, malgré les termes de cet article, admettent cependant que le droit de séparation n'est pas toujours perdu pour les créanciers héréditaires, lorsque les biens ont été aliénés par l'héritier; seulement on est loin d'être d'accord sur l'étendue du droit de séparation après l'aliénation.

Les uns soutenant que l'art. 2111 a fait de la séparation un véritable privilège, décident en conséquence que le créancier de la succession qui s'est conformé aux prescriptions de cet article, ne peut, dans aucun cas, voir ses droits compromis par le fait de l'aliénation des biens héréditaires; autrement dit, ils lui accordent le droit de suite inhérent aux privilèges et hypothèques. Les autres, au contraire, prétendent que les créanciers de la succession n'ont plus qu'un simple droit de préférence sur le prix de l'immeuble aliéné, et que les acquéreurs n'ont ainsi rien à craindre d'eux. Inutile de dire que j'adopte cette dernière opinion, puisque je n'ai pas reconnu à la séparation le caractère d'un privilège proprement dit.

La demande en séparation formée contre les créanciers de l'héritier n'empêche pas que ce dernier ne reste propriétaire des biens de la succession; il peut donc aliéner. Mais tant que la valeur est distincte (ce qui a lieu notamment lorsque le prix est encore dû), les créanciers héréditaires peuvent faire valoir leurs droits à l'exclusion de ceux de l'héritier; si le prix a été payé, les créanciers de la succession ne peuvent invoquer leur droit ni contre l'acquéreur, puisqu'ils n'ont pas le droit de suite, ni contre les créanciers de l'héritier, puisque les deniers provenant de la vente sont confondus dans le patrimoine de ce dernier.

Toutefois, quoique l'héritier soit, malgré la séparation, demeuré propriétaire des biens héréditaires, nous savons que l'art. 2111 a limité, dans une certaine mesure, le droit pour lui d'en disposer; nous n'avons pas oublié, en effet, que tant qu'il ne s'est pas écoulé six mois depuis l'ouverture de la succession, aucune hypothèque ne peut être établie par l'héritier au préjudice des créanciers du *de cujus* ou des légataires qui ont inscrit la séparation des patrimoines dans ce délai.

Cette disposition de la loi a même fourni à ceux qui soutiennent que la séparation des patrimoines est un véritable privilège et qu'elle comporte, en conséquence, le droit de suite, leur principal argument. Si, prétendent-ils, les hypothèques consenties par l'héritier sur les biens de la succession au profit de ses créanciers personnels, ne sont pas opposables aux créanciers héréditaires qui ont rempli les formalités de l'art. 2111, *a fortiori*, il doit en être de même des aliénations totales bien plus dangereuses encore pour ces mêmes créanciers.

Tout en reconnaissant la valeur de cette objection, j'ai essayé d'y répondre lorsqu'il s'agissait de déterminer le caractère de la séparation, je n'y reviendrai pas ici. Remarquons seulement que, si l'art. 880 dispose que la séparation ne peut être exercée sur les immeubles « qu'autant qu'ils existent dans la main de l'héritier »,

il doit en être de même quant aux meubles ;
c'est le cas d'argumenter *a fortiori* ; la différence établie par cet article ne se rapporte évidemment qu'à la prescription.

L'art. 2111, ai-je dit, décide qu'aucune hypothèque ne peut être établie par l'héritier au
préjudice des créanciers de la succession qui
ont inscrit la séparation dans un certain délai.
Faut-il s'en tenir aux termes mêmes de cet article, ou bien étendre aux cas analogues la prohibition qu'il formule ? Ainsi, par exemple,
l'antichrèse consentie par l'héritier au profit de
ses créanciers personnels, sur un immeuble héréditaire, sera-t-elle opposable à ceux de la
succession qui se sont conformés à la prescription de l'art. 2111 ? Je ne le pense pas, car ce
droit d'antichrèse, de même nature que l'hypothèque, causerait le même préjudice aux créanciers que la loi a voulu protéger.

Mais je ne saurais admettre la même solution
en ce qui concerne certaines aliénations partiel-
les : je pense, par exemple, que l'usufruit, les
servitudes qu'il aurait consenties sur les biens
héréditaires au profit de tiers acquéreurs de-
vraient être maintenues, même à l'encontre des
créanciers héréditaires qui auraient inscrit la
séparation conformément à l'art. 2111, et que
ces créanciers n'auraient que la ressource de se

11

faire payer sur le prix encore dû. Il y a, en
effet, une différence bien marquée entre ces
deux hypothèses : dans le cas de l'antichrèse,
comme dans celui de l'hypothèque, aucune
partie de biens n'est en réalité sortie du patrimoine de l'héritier ; les créanciers qui ont obtenu ces garanties n'ont pas eu certainement
l'intention de devenir propriétaires ; en un mot
il n'y a pas eu d'aliénation proprement dite.
Dans le cas, au contraire, d'une constitution
d'usufruit ou de servitude réelle sur les immeubles de la succession, ceux qui ont traité avec
l'héritier ont entendu acquérir certains démem-
brements de la propriété formant l'objet de la
convention ; il y a eu aliénation, dans le sens
propre du mot.

Il reste maintenant à examiner une dernière
difficulté qui peut se présenter.

Lorsqu'un immeuble dépendant de la succession a été aliéné par l'héritier, nous avons vu
que les créanciers héréditaires pouvaient no-
nobstant, en invoquant la séparation, se faire
payer sur le prix encore dû, par préférence aux
créanciers de l'héritier. Mais, dans ce cas, par
quel délai ce droit sera-t-il prescrit? Faudra-t-
il, en s'attachant à la nature mobilière de la
créance, appliquer la prescription de trois ans,
ou bien admettre que le droit des créanciers

héréditaires durera le même temps que la
créance qu'il garantit?

Je pense que les créanciers de la succession
pourront toujours invoquer leur bénéfice, même
après l'expiration du délai de trois ans. En effet,
s'ils peuvent atteindre, au moyen de la séparation, le prix de l'immeuble vendu, n'est-ce pas
parce que ce prix tient la place de l'immeuble,
parce qu'il lui est, en quelque sorte, subrogé?
Il faut alors le traiter de même. D'ailleurs, si
l'on admettait l'autre solution, la combinaison
des deux prescriptions pourrait donner lieu à
d'inextricables difficultés!

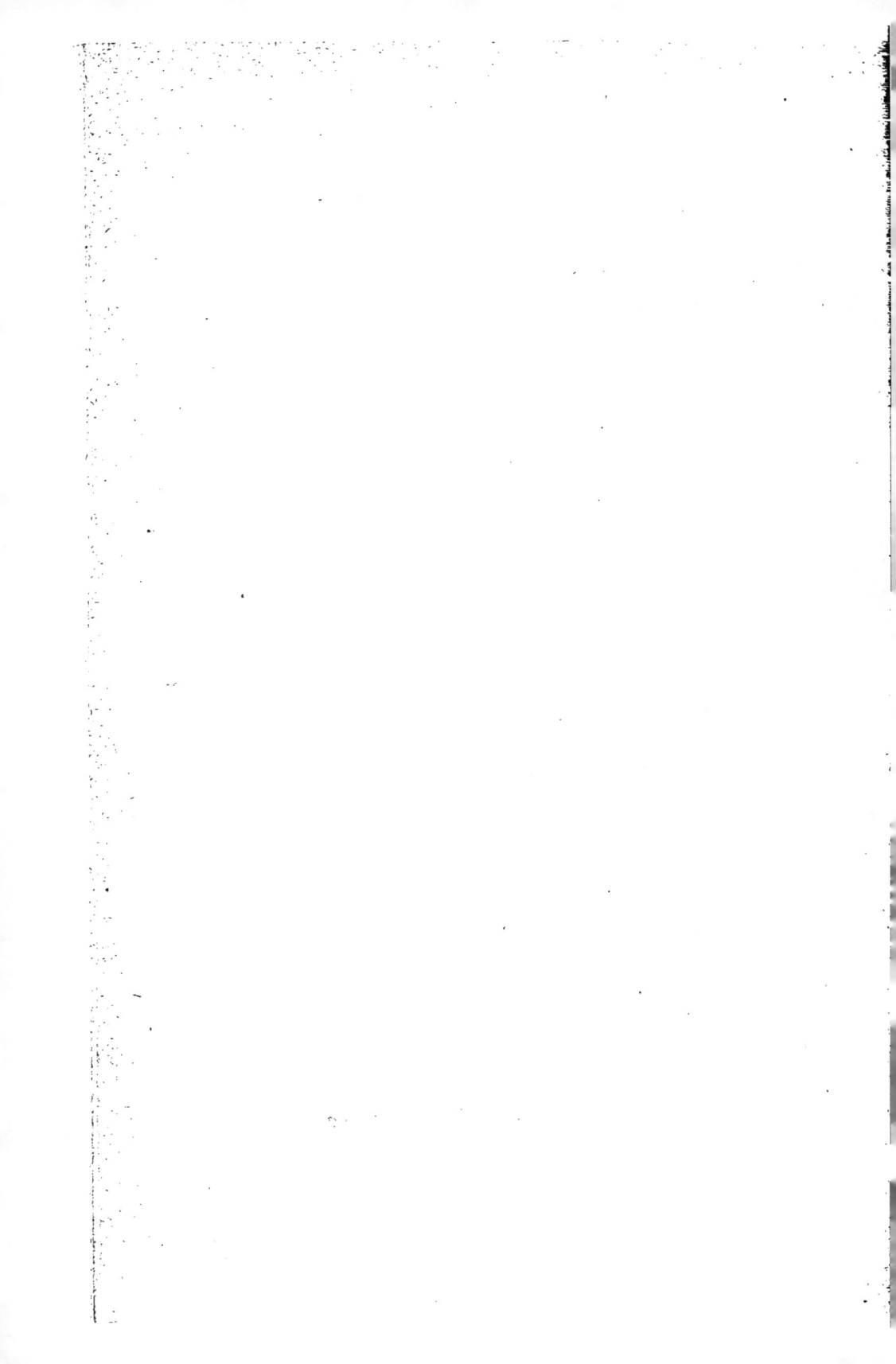

POSITIONS

DROIT ROMAIN

I. — La séparation des patrimoines est un des incidents de la procédure des voies d'exécution forcée contre le débiteur.

II. — La séparation des patrimoines comprend tous les biens du défunt.

III. — La séparation a lieu par voie collective et non par voie individuelle.

IV. — Le droit de demander la séparation des patrimoines appartient aux créanciers et aux légataires conditionnels.

V. — Ce droit appartient également aux créanciers hypothécaires.

VI. — L'aliénation faite à titre gratuit par l'héritier, par exemple la donation, ne doit pas être maintenue.

VII. — Dans le cas de vente de l'hérédité faite de bonne foi par l'héritier avant la demande en séparation, les créanciers du défunt peuvent s'attribuer exclusivement le prix de la vente, si le prix n'a pas été payé.

VIII. — Pour que le droit d'invoquer la séparation se trouve éteint, il n'est point nécessaire que la novation, découlant de la stipulation faite par le créancier avec l'héritier, présente tous ses caractères juridiques.

IX. — Les actes d'aliénation des biens de la succession opérés par l'héritier *medio tempore* étant valables, il n'en était pas de même des droits réels qu'il pouvait conférer sur les biens du défunt « quæ bona fide me diotempore gesta sunt rata conservari solent » (l. 2, tit. 6, liv. 42).

X. — On peut concilier la loi 6, D., *Quibus ex causis in possessio.* « In possessionem mitti solet creditor, et si sub conditione et pecunia promissa sit. » avec la loi 14, § 2, eod. tit., « Creditor conditionalis in possessionem non mittitur, quia is mittitur qui potest bona ex edicto vendere. » Paul.

XI. — Paul et Ulpien soutenaient les vrais principes quand ils décidaient, contre Papinien, que les créanciers d'une succession qui après avoir obtenu la séparation, n'étaient pas intégralement payés sur les biens héréditaires, ne pouvaient pas revenir à l'héritier et poursuivre le reliquat de leurs créances sur ses biens personnels, même lorsque ses propres créanciers avaient été désintéressés.

CODE CIVIL

I. — La séparation des patrimoines a lieu sans qu'il soit besoin d'une demande spéciale à fin de séparation des patrimoines.

II. — Tous les créanciers héréditaires sans distinction, et tous les légataires sont admis à demander la séparation des patrimoines.

III. — L'hypothèque légale de l'art. 1017 accordée aux légataires ne se confond pas avec la séparation des patrimoines organisée par l'article 2111.

IV. — La séparation des patrimoines ne fait pas obstacle à la division des dettes.

V. — Le droit, pour les créanciers du défunt, de demander la séparation des patrimoines relativement aux immeubles, expire même avant les six mois depuis l'ouverture de la succession, si depuis l'ouverture l'héritier a vendu, et si l'acquéreur a transcrit son contrat.

VI. — Lorsque l'héritier a vendu un immeuble, les créanciers qui sont déchus du droit de demander la séparation des patrimoines quant à cet immeuble, peuvent cependant obtenir la séparation sur le prix s'il est encore dû.

VII. — La novation dont il est question dans l'art. 879 est une novation *sui generis*.

VIII. — Le délai de trois ans pour les meubles court de l'ouverture de la succession.

IX. — La séparation des patrimoines ne confère pas aux créanciers héréditaires un privilège proprement dit.

X. — Dans aucun cas, elle ne peut modifier les relations respectives des créanciers de la succession.

XI. — Les créanciers du défunt qui ont usé du bénéfice de la séparation, peuvent, en cas d'insuffisance des biens de la succession, poursuivre l'héritier sur ses biens propres, mais seulement après que ses créanciers personnels ont été désintéressés.

XII. — La séparation ne peut jamais comprendre les biens rapportés à la masse de la succession par un héritier donataire ; mais, dans aucun cas, le rapport ne peut nuire aux créanciers héréditaires.

XIII. — Les créanciers héréditaires ont intérêt à demander la séparation des patrimoines, alors même que l'héritier a accepté sous bénéfice d'inventaire.

XIV. — Le droit de demander la séparation

des patrimoines, relativement aux immeubles, n'est soumis à aucune prescription.

XV. — Les créanciers de l'héritier ne jouissent point du bénéfice de séparation des patrimoines; ils peuvent cependant attaquer l'acceptation d'une succession mauvaise, comme faite par leur débiteur en fraude de leurs droits.

POSITIONS EN DEHORS DE LA THÈSE

XVI. — Les donations déguisées sous la forme de contrats à titre onéreux ne sont pas valables.

XVII. — La dot mobilière est aliénable.

XVIII. — L'acte sous seing privé qui ne remplit pas l'une ou l'autre des conditions prescrites par l'art. 1326, peut néanmoins servir de commencement de preuve par écrit, à l'effet de rendre admissible la preuve testimoniale.

XIX. — L'acte fait par un mineur non émancipé est valable, s'il ne lui cause aucun préjudice, pourvu qu'il rentre dans la catégorie de ceux que son tuteur eût pu faire seul, sans autorisation du conseil de famille, art. 1305.

XX. — La possession d'état doit être acceptée parmi les modes de preuve de la filiation naturelle.

DROIT COMMERCIAL

I. — L'inscription prise par les syndics d'une faillite, conformément à l'art. 490, sur les immeubles du failli n'établit point, au profit de ces créanciers, un véritable droit d'hypothèque. En conséquence, les créanciers du défunt, qui, lorsque l'héritier est tombé en état de faillite, n'ont pris qu'après cette inscription requise par les syndics et postérieurement au délai de six mois à partir de l'ouverture de la succession, l'inscription prescrite par l'art. 2111 du Code civil, conservent cependant leur droit de préférence sur les immeubles héréditaires.

II. — La remise faite au débiteur par concordat n'est pas sujette à rapport.

III. — L'autorisation de justice peut suppléer celle du mari quand il s'agit pour la femme de faire le commerce.

PROCÉDURE CIVILE

I. — La tierce opposition n'est ni une voie purement facultative, ni une voie toujours obligatoire : elle est un moyen ouvert à toute personne qui n'a point figuré dans un jugement, soit d'échapper au préjudice de fait que pourrait lui causer l'exécution de ce jugement, soit aussi, dans certains cas, de faire tomber ce jugement lui-même, en tant qu'il préjudicie-rait à ses droits.

II. — L'assignation a comparaître, « dans le délai de la loi » est nulle comme insuffisante.

DROIT ADMINISTRATIF

I. — Le droit de statuer sur les dommages occasionnés par les travaux publics appartient au conseil de Préfecture, sans qu'il y ait à dis-tinguer si ces dommages sont temporaires ou permanents.

II. — Lorsqu'un arrêté de conflit est pris irré-gulièrement, le tribunal ou la Cour doit toujours surseoir.

DROIT DES GENS

I. — La guerre ne rompt pas tous les traités qui existaient entre les parties belligérantes.

II. — L'étranger jouit en France de tous les droits civils, excepté de ceux qu'une disposition spéciale lui a formellement enlevés.

III. — L'ambassadeur ne peut donner asile, dans son hôtel, au délinquant qui voudrait s'y réfugier.

DROIT PENAL

I. — L'étranger jugé par les tribunaux de son pays pour un crime ou délit commis en France, peut encore être poursuivi, pour le même fait, devant les tribunaux français.

II. — L'interdit légal peut se marier, tester, reconnaître un enfant naturel.

III. — On ne doit pas assimiler au vol proprement dit la rétention coupable d'un objet trouvé.

IV. — La grâce et la réhabilitation ne font point obstacle à l'application des règles de la récidive, il n'en est point de même de l'amnistie.

Vu par le Président de la thèse :
ACCARIAS.

Vu par le Doyen de la Faculté :
CH. BEUDANT.

Vu et permis d'imprimer :
Le Vice-Recteur de l'Académie de Paris,
GRÉARD.

Paris. — Typ. N. Blanpain, 7, rue Jeanne.